Leonhard Steiner

Glärnisch-Fahrt

Gedicht in Zürcher Mundart

Leonhard Steiner

Glärnisch-Fahrt
Gedicht in Zürcher Mundart

ISBN/EAN: 9783743691520

Hergestellt in Europa, USA, Kanada, Australien, Japan

Cover: Foto ©Thomas Meinert / pixelio.de

Weitere Bücher finden Sie auf **www.hansebooks.com**

Glärnisch-Fahrt

Gedicht in Bürcher Mundart.

Von

Leonhard Steiner.

Motto:
Wer will mit mer uf b' Reis'? I z' erst füehr'en is lieblichi Chlöntshal,
Truuf über Felsen und Schnee hoch in es Wunderland.
Folged mer ruehig, es ist kei G'fahr, weder Müehi no Schwindel
Stelled si nydig in Weg; sicher i bring' i as Ziel.
Lustigi G'schichtli verchürzed de Marsch, drob lacht mengen en Scholle:
Tänn aber stimmed zum Ernst G'ichtli us anderem Ton.

Zürich,
Druck und Verlag von Orell Füßli & Co.
1879.

Der Section „Uto" des S. A. C.

freundschaftlich gewidmet

vom Verfasser.

Glärnisch-Fahrt.

Zu Berge!

Liebtraute Gesellen, den Stock zur Hand,
  Zur Bergfahrt hat es geschlagen!
Hei, wieder an Gletscher und Felsenwand
  Wir woll'n eins wetten und wagen!
Laßt seh'n, ob die Ruhe uns nicht erschlafft,
Ob uns blüht noch die alte Bergmannskraft
  Als wie in schöneren Tagen!

Hinauf aus der Stadt, so schwül und dumpf,
  Wo die Brust sie schnüren zusammen,
Wo der gute Ton heißt „schlaff und stumpf,
  „Löscht alle entkeimenden Flammen!"
S' ist höchste Zeit schon, auf und hinauf,
Sonst nimmer gelingt uns Bergeslauf,
  Wir müssen Alle verschlammen!

Mein liebes Weibchen, nimm dich zusamm',
  Nicht unsere Fahrt dich gereue!
Du weißt, wir halten uns fest und stramm,
  Daß Jedem das Werk gedeihe.
Und komm' ich nach Haus, deines Harrens Preis,
Ich bring' dir den Maien von Edelweiß
  Und duftender Männertreue.

Schaut dort, wie sie alle im Morgenstrahl
Erglühen die Hörner und Zinken!
Sie schauen herab wohl allzumal
Mit liebedurstigem Winken.
Wer kann, der ein Mann ist, da widersteh'n?
Hinauf, hinauf, ihre Wunder zu seh'n,
An's Herz der Natur zu sinken!

Drum, Clubgenossen, den Stock zur Hand,
Zu Berge wir fahren, zu Berge!
Wildtrotzige Riesen han übermannt
So oft schon listige Zwerge.
Auf, alle denn auf zum Wagniß kühn,
Weit schalle und halle der Ruf dahin:
Wir fahren zu Berge, zu Berge!

Einleitung.

S'ist so esange de Bruuch hütstags, wemmen uf euen Berg gaht,
Wo emmel au, klubbistisch bitrachtet, e bitzli is Mäß gseht,
Daß me zu männiglich Wohl brüber aben e blühebi Bschrybig
Oppen i b' Alpepost schickt, in schwerere Fällen is Jahrbuech,
Gwönli, nachdem me vorher i lebendigem, münblichem Vortrag
Vor syner Clubbsection vu dem Opus b' Würkig erprobt hät,
Glueget hät, ob dick gnueg me doch uustrait heb' i de Farbe,
Namettli recht schwarz agstriche hebi bie schröckliche G'fahre,
Die me mit Tobesverachtig bistanden und glückli bisiegt heb.
S'ist aber au gwüß wahr, was nützt eim so e Bistygig,
Wemmes denn Niemetem sait, was für euen Kerli me sygi?
Thüür ist esang de Respekt, drum lueget me, wie me sich dry setzt.
Ergo so will ich denn au myni Thate mit schulbiger Achtig
Vor myne Leistige b'schryben, und zwar i homerischem Metrum.
D' Sprach zickt au na is Griechischi: Limmatosathenienstsch,
Heißt sie und ist Jdiom vum kräftige Stamm Zürihegel.

So, de Prolog wär' fertig; i denke, bä sei esang schön g'sy.
Also iez chämi das Stuck — boch halt, nei, z'erst na es Vorspiel,
Dänn folgt b' Hauptaktion, und zwar gömmer beet uf be Glärnisch.

Vorspiel.

S'ist ba im Augstmonet g'sy, a bem Sunntig, wo b' Chräsmer vom Uto
Deet uf be Roßstock sind, und b'Rößler und Hündler uf b'Brunau,
Da han ich für mich ällei, Camerabe, die han i nüb gfunbe,
Z'hinderst im Wäggithal g'spillt en alpeclubistische Solo.
Wo=n=i am Samstig z'Imbiß uf b' Reis bi, hani na nüb gwüßt,
Welle vun all bene Kerlene beet i morndeß well am Grips neh.
Muttriberg, Zindel, und Aubrig, all drei hani frühner scho g'macht g'ha,
Eigetli hätti be Chehr eso öppe der Ochsestock troffe.
Aber da fallt mer benn y, bu wottst uf der Ochsestock use,
Und ba die anderen Utopiste, die wend uf be Roßstock;
Nei, das mistelet doch e chly z'starch, bu gahst uf be Muttri!
So hani's würkli dänn g'macht; i bin usen, und mit eme Füehrer,
Dä ist na nie bobe gsy; im Wäggithal gits e kei anber.
Ja, ja, dä Muttri, ihr Herre, das ist i en usöbe Mode;
Wenn's na so heiß hät g'macht, bä Chetzer hät nüb welle linde!
Aber Abwechslig hät's a bem Berg, das mues me denn säge!
Z' erst so en Prügelweg, aah! so e Stund lang, alls vu Natur g'macht,
Nämli vu sorrene Wurzen und prächtig egal i der Stygig,
Höchstes schwankt si villicht zwüscheb vierzg und fünfevierzg Grabe.
Dänn e chli Sennhüttebreck; bänn e guet zweistündigi Blangge,
Ein Puck hinber em anb're, me wirb schier z' Tüüfels uf b'Letschti.
Druuf chömmeb b' Stei; das ist wahr, vu be ne, ba häts bänn allgattig.
Z'erst so es bitzeli G'röll, ung'fähr wie vu ba bis in Forster,
S'ist jede Schliff, jebi Form, und jebes Kaliber vertrete.
G'meinsam händ si nu das, baß s' allzsämme rütscheb und gnappeb.

Zletſcht chömmeb b' Charren, als Prachteremplar, wenn ſ' na ſo ſind
[g'ſpalte,
Stönd ſie doch bolzgrabuuf, me cha turne dra, daß es en Art häb.
Wo i benn uſecho bi, und da wider grab vor der Naſe
Dä Prachtsferli vu Glärniſch g'ſehne=n=i ſchönſter Bilnüchtig,
Da hani halt wider benkt: biſt doch ã bimeicher es Babi,
Daß b' uf be Muttriberggahſt, wo b' grab ſo ring chönnſt uf be
[Glärniſch!
Nüb daß i z' chlage hätt g'ha über b' Uusſicht, au nüb vu ferne;
Denn die iſt ganz prachtvoll; wer zwyſlet, ſoll goge luege!
Doch 's mues eineweg ſchöner na ſy, hani benkt, uf em Ruche.
G'ſchech' nüüt Böſers, ſo hani mi tröſt, da chame ſcho helſe.
Hütt ſe biſt da, das iſt guet; 's nächſt Mal dänn gahſt uf be Glärniſch,
Seb iſt denn beſſer; ſo iſches recht, 's heißt extra im Sprüchwort:
S' Beſt chunnt allimal z' letſcht, ſobald me de Wähe=
[reuf z' erſt ißt.

Glärnisch-Fahrt.

Cantus I.

Chuum bin i recht ä biheim vu dem Muttri, so krieg i es Briefli,
S' ist vume schätzbare Fründ, Zahnarzt ist er sines Zeiches.
Aber dä Mah verstaht nüb ällei, bene herzige Chinde
Ihri verfressene Bißli bur neui und schön'ri z'ersetze,
Daß s' ihri rosige Göschli dänn wider uf festerer Grundlag
Zun sebe Schnüüflene, wüsseb ja wol wie, büschele chönneb,
Nei, ä mit anbere, rüüchere Zähnen er pflegt si na abz'geh.
Uralte Fels ist's Material; zwar fuulet und bröcklet
Das wie's Auber au ab bur b' Würkig vu Wasser und Zugluft,
Die kene Zähne halt nützt; indeß plombiert me si nanig,
Und was 's Email agaht, so ersetzt si bas immer vu selber,
Wenn ä grab er öppedie mit Stachelschuehnen und Pickel
Tagelang, 's ist i en Gruus, ufläthig chaslet bruf umme.
— Also dä Mah, dä schrybt mir en Brief, er well uf be Glärnisch,
Ob i well mit, mer giengeb uf b' Reis dänn grab de nächst Samstig.
Ich wie be Blitz zu'nem hei, machen Alls grab mit em i b' Ornig.
Richtiger, er mit mir; denn er will Alles ja b'sorge:
Z' Netstel, ba mues is es Gfährt, z' Vorauen eu Führer epfange,
Bergproviant nemm' er mit ganz Hüüfe, so trochen als flüssig,
D' Sach mües recht sy, soll benn nu luegen, i Güeti und Quantum.
Denn gib er praktischi Räth mir en g'hunftige Chratte voll; z'letschte
Müst er mi Seel mi na nus mit eignen erprobtiste Bergschueh.
Tres faciunt collegium heißt's, z' Dritt reist men am Beste.
Drum hämer's freudig bigrüeßt, wo en Fründ als Dritte sich aschlüßt.
Ganz i ber Gschwindi na Eis: wo ich dänn die pumpete Bergschueh

Vorsichtshalber am Frytig am Uetliberg äne probiert ha,
Händ sie sich glänzed biwährt — sowyt wär Alles im Blei gsy.
Also bä Samstig erschynt i der schönste Septemberbilüüchtig.
Seelevergnüegt, und stolz ich scho uf mi künftigi Leistig,
Reis' ich i b'Engi duruus, zwar d'Waret z' bikenne per Droschke;
Denn dene Wundernasen allsammt zwüschet Meisen und Falke
Gunn'is bim Wetter doch nüd, daß i mym schwer b'schlagene Schuehwerch
Sie mich g'höred und g'sehnd dur b' Stadt dure cheßlen und raßle.

Dert i der Engi epfangt mi bireits myn würdige Mentor,
Den i als Haupt der Colonne vu iezt a H a u p t m e bititle.
Uusg'rüst ist er natürli famos vum Chopf zu de Füeße.
Wie uf sy Waffe be Tell, so stützt er mit kraftvoller Anmueth
Sich uf jns Ysbiel, das dünn au balb im dick volle Wartsaal
Sammt sym b'rüehmte Visitzer verdientistermaße bistuunt wirb.
Dem gegenüber per se sind my Brief bluetwenig werth gsy.
Drum so bischränk i mi druuf, abwechsled bloß uf eis Bei g'stützt,
S' anderi Bei elegant überschlagen und g'stellt uf de Fueßspitz,
Da z' stah, und nu das B'schläg der senkrecht g'hobene Sohle,
Das an en Haifischrachen ein g'mahnt, i der Sunne lah z' glitz're.
Selbstverständli uf Rechnig und bloß zur Ruehmeserhöhig
Vum hochg'achte Herr Hauptme; natürli, denn b'Schueh die sind ihm gsy.

Endli se pfyfts vu der Brandschenki her, mer stygeb in Bahnzug.
Händ yg'huuset biquem is i eim da vu bene neuste
Luxuriöse Nordostbahnwäge; das ist nu nach mym G'fühl
Eini vun bessere Sünde der sündebischwerte Nordostbahn.
Armi Nordostbahn! nüd emal d a s will bir me lah gelte,
Daß für be Comfort ällei vun Reisede bu ba bie Wäge
In bisi Masse vu compartiments sorgsam hebist ytheilt;
S' liggi be Grund amen andere Ort; 's sei darum eso gmacht,
Daß z'abtheiligewys, je nachdem 's halt ebe pressieri,
Uf Ein Wage me chönn errichte verschiedeni Pfandrecht.

Also mer fahreb duruuf, zwar bloß selbander, be britt Fründ
Stygt erst z' Horgen iu Zug; mir stelled indeß über b' Gegeb
Luuti und lysi Bitrachtigen a; thüend au e chly spröchle

Mit Laubslüüten und Frönde; zum Byspiel eine vun letschtre
Fragt, wem ä da zentumme die wyßse Hüüsli, die nette,
Z' Eigethum ghöreb, vum See bis beet ganz ufen an Albis.
„Jä, myn werthijste Herr, das hät e ganz eig'ni Biwandtniß!
Das sind Kerker, ja wohl, vun Sklave, vu all dene wyßse,
Wo disi Industriebarbare so chnechteb und schindeb.
Ganz gnau g'sehnd Sie's nu da: inen iedere vun jede Hüüsli
Wohnt so e wyßi Sklavefamilie, an ihres Heime
Akett, in ihre G'werb ypfercht; da müend s', ja so isch es!
Sydenis webe, beneben na h e u e n und m o s t e n und w ü m m e!
S'ist wahrhaftig e Schmach, daß ietz na e so Öppis bulb't wird!"
    Horge! so tönt's nu mit Macht buruuf und burab, und mer halteb
Da vor em Meyerhof still, wo ietz d' Station etablirt ist.
S' gseht das Gibänd halt doch ä us ietz wie en stumme Protest uus
Gege die g'waltsam Metamorphose, wo 's hät müese lybe.
Ja de Contrast, bä ist scharf, 's ist wahr, gegen frühehnere Lebtig.
Schöner als alli Verrechnigen ietz mit Seestatione,
Gell, Meierhof, sind doch die Casßaßcontocorrent gsy!
    Jetzt chunnt über be Platz gegen eus mit elastische Schritte
Eusere Dritten im Bund, Herr G i a c o m o, so häb er g'heiße.
Au so en Sydebarbar, 's ist schab, bernebet en Kunstfründ,
Und au Fründ der Natur, 's ist schön, wenn das bi=n=enand ist.
S' grüeßeb si herzli die Drei; dänn z' erste verhandlet me 's Wetter.
S' föhnet e chly, aber das schabt nüüt am erste September.
Dänn wird g'schwelget i Reminiscenze, natürli vun Berge.
Drunder die Zyt sie vergaht ungsinnt; denn plötzli verkündeb
Einigi C h ö g e n und E b i g m y n c i b e, wo g'rab wie Rakete
Eim über d' Chöpf inne surreb, mer seigeb im waggere Ländli,
Wo bur Ziger und Schifer und Türggechappe birüehmt ist.
Richtig, da hämmer ja b' Z i e g e l b r u g g; die Wetterprognose,
Die i bem mächtigen Amphitheater sich ganz unwsust macht,
Ist brilliant alliwyl; die Nebelsähne, die wyßse,
Wo vu ben oberste Gräte so flattereb usen is Blaui,
Werdeb is wenig geniere, sobald mer emal deby zue stönd.

Cantus II.

Netstel, du erstes Ziel, da bist ja, Gottgrüezi, Gottgrüezi!
Jetzed se chönneb mer erst au säge, daß mer i b' Berg wend.
Use zum Wage, was gist, was häst; jetz, wo ist die Chaise?
Niene! aha! 's wird guet! Herr Hauptmen, i weiß nüd, i weiß nüd!
Er aber lueget is a voll Zueversicht: „Hänb ä ke Chumber;
Ich ha bim Vögeli b'stellt, und dä häb na Niemert im Stich g'lah."
Chuum häb er ghöret, so chlöpft's; vmm Dorf her trapplets und
                                                           [trapplets,
Und ime prächtige Voge so schränzt zum Perron es Fuehrwerch,
Mit zwei muethige Brumne bispannt; ab gumpet de Lenker,
Und da mit sicherem Blick er erchennt die Herre vu Züri —
Grad e so schwer isch nüb, 's ist Niemert sust usem Bahnhof —
Stellt er als Vögelichnecht alsbald sich eus zur Verfüegig.

Jetz wär so wyt Alls guet; bloß Ei Frag mues men etscheibe:
Wemmer nu grab eso troche vorby bym gastliche Netstel,
Oder aber hingege isch nüb für euserein azeigt,
Jetz g'schwind öppen es Leberli z' neh mit sammt eme Schöppli?
Därweg frageb all Drei; 's benkt Jede so still bi si selber:
Saiti doch nu Eine ja, mer wäreb ja uf der Stell einig!
S' ruckt aber Keine halt uus, um ja nüb z'erwecke der Aschy,
Als ob er selber nüb wett oder chönnt Strapazen erträge.
Underdesse be Chnecht verlabt ganz ruehig die Säckli,
Öffnet de Schlag und mir, mir stygeb mechanisch in Wage,
Rasseb devon und Lebetsi wohl Veltliner und Leb're!
Drei Stich fahreb is Herz, wo mer ba dä Schluuch usechessleb,
Dä b' Netstaler Paläst so i zwo lang Zyleten ytheilt:
Fridolin, Adler und **Bär**, so heißt's das gruusam Trio.
Wie si is zenslet händ, b' Stechpalmen über der Huusthür!
Aber es g'hört is uf b' Nase, was thüemer nüb so, wie 's is drum ist!

Nu, so en Schmerz, dä ist bald ja versurret, me benkt nu a b' Zuekunft,
S' Esseli meini z' Voraue, das wird desto meh nu en Schleck sy!
Balb aber b'hauptet b' Gegenwart 's Recht, die jetz uf all Syte
G'waltig i Farben und Massen und Tönen is ganz i Bischlag nimmt.

Rechts die himmelhöch Wand vu dem prächtige Kerli vu Wiggis,
Die de Herr Hauptme verglycht da und beet mit allerlei Wändli,
Wo er durnuf und durab fern kräsmet ist neimen im Wallis.
Links unne duun'ret de Löntsch und chybt eim g'waltig i b' Ohre.
Dä hät e Stimm, wie, was soll i säge? e Stimm wie en Glarner!
Ennebra Wald und Wald; doch hoch drüber raget in Himmel
Eusere Glärnisch, ach wie so schön, wie zieht es ein ufe!
S' lyt das g'waltig Massiv so liecht und duftig da änne
Im Halbschatte der Mittagsbilüüchtig; en silberne Schleier
G'woben us Herbstluft ist drüber zoge, es schynt wie es Traumbild.
Obedruf es paar Stelle die glitzered wie Diamante,
Und mer juchzed im Stille, wo's heißt, beet chömmeb mer durre,
Über das Gletscherli beet da werdeb mer morn besilire.
Unskunft gitt is nüb öppe de Hauptme; uf berigi Bergli,
Wo nüb 's bscheideni Minimum händ vu breituusig Meter,
Gaht er sust nüb; de Herr Giacomo saibt's, denn er ist scho beet gsy.
    Bis dahi euseri Reis' wär nüb übertribe bischwerli.
S' Wägeli, das ist famos, so es Omnibüsli mit Zeltdach,
D' Roß sind patent, bloß eis, das sägi, au ich bi vu bene,
Wo keis Thier überaftrenge weund; aber wänn dänn e Zyt lang
D' Straß wie e Chezelbahn lauft, so meini dänn, zwee berig Bruune
Chönnted da ohni Gifahr für ihri verehrtefti G'sundheit
Mit eme Wägeli und vier Maß öppen an e chly trabe.
Aber es schynt, in Folg vu giheime Verhaltigsbifehle
Fahrt da be Chnecht bloß Schritt; gwüß hät syn Meister biheime,
Da be Herr Vögeli, denkt, das Bundesg'setz, wo si chürzli
G'macht hebeb z' Bern zum Vögelischutz, das seig ä für ihn g'macht,
Für syni Roß, und ach! mer hend's g'merkt dänn, für sini Künte!
    Jetz für b' Chlönthalerstraß mues extra stygen eu Lobg'sang.
Das ist an na bim Strahm mir e Vergstraß so wie's de Bruuch ist.
Nüb wie me's ietz esang macht, wo nach ebigem Brieggen und Nöthe
D' Eidg'nossefchaft en Bytrag zahlt, en bäumige, feißte,
Daß de Kanton si cha butze bedy, und wo dänn die Straß ba
G'macht wird, daß me bigost nümme merkt, daß 's über en Berg gaht.

Ganz ung'sinnt so chunnt me druuf, vu G'fahr e ke Spur meh,
D' Bahn die ist fest und glatt, und breit, und sicheri G'länder
Sind gege'n Abgrund g'stellt, 's ist wäger e Chunst abez'gheie.
 Chlönthelerstraß, da bist du denn doch na en andere Kerli!
S' gaht ä na da bergnuf, u me merkt's an, daß me i b'Berg chunnt.
Schmal ist be Weg, wie zum Parabies, us trisftige Gründe.
Säged iez selber, ist das i der Ornig i sonere Landschaft,
Daß zwei G'fährt, die da si bigegned, ä grad nu wie Bahnzüg
Schränzed da anenand durren im Schwick, so daß gegesytig
Höchstes me b'Farben erchennt vu de Schleieren und vu de Cosüüm?
Chlönthelerstraß, ja bi dir isch anderst, isch ä na g'müetthli!
Nüd glychgültig fahrt me vorby am fahrede Mitmensch;
Nei, a b st y g e se unes me bi dir, sich fründli bigrüeße,
Nametli vornen am See; wer's nüd thuet, cha's denn erfahre,
Daß es zur Straf dänn gern gib es Lumpesnseber is Wasser.
Wer's nüd glaubt, hä dä frög bi der Adlerwirthi vu Netstal.
 Eusere Guutschner hät na für sich us b'sundere Gründe
A bere Chlöntelerstraß su ächt patriotischi Freud g'ha.
Wänn eso grad a be gächste Stelle mir stuuned bimerkt händ,
Daß öppe halbschuech tüüf b' Gleis sind yg'faret, so saib er —
Und glychzytig i männlichem Stolz da richt' er sich höch uuf: —
„G'sehnd er, ihr Herre, die Gleis? bie chömmed vum erste zum letschte
Als vu bem mächtigen Ystransport, wo im vorige Winter
Eusers Thäli so b'suecht hät g'macht wie z' mitzel im Summer.
Ja, das isch gange, das ist en Armee vu so Schlitten und Roß giy!
Da hät es Geld me verdient, Fuehrlüüt, Haublanger allsamme,
Und erst recht na die Herre, wo da i bem Ys speggeliert händ!"
(Ohä! han i so denkt im Stille, i kenne vu dene
Zwee oder drei, die im Grüünst, und nüd um das, an na im Ysaz
Schiffli chönnd fahre biheim, die händ gnueg vu deren Yshaz.)
 „Aber", so säged mer dänn, „s ist schön das Alles und prächtig,
Weber me chönnti bie Straß nach und nach nu e chly reperire!"
Da macht aber dä Kerli es G'sicht, gsait hät er kes Wörtli,
Ja, es G'sicht, als well er is fresse, mer chönned brin lese:

Was ihr da fäged, ihr Herre, ist wie wenime wurd proponiere
Emene brave Solbat, wo mit Narbe bidecft ufem Feld chunnt,
Ob er nüb wäri fo guet, die Narbe, die Schlachtetrophäe,
Die ba je tüüfer je fchöner fyn tapfere Lyb beforiereb,
Oppe z' verſtryche mit Chütt, und poudre de riz b'rüber z' ſtreue.
S' find e fo Narbe die Gleis, und drum fo lömmer'ne nüüt g'scheh.
Uf bas fryli git's nüüt, als fich e chli fchäme und fchwyge.
Underdeß ſimmer am See, bä offebar au mit is taub ift.
Denn er macht is es G'ficht ganz fruus, und thuet fo beglyche,
Grab, wie wenn er na nie vum Chopf zu de Füeße be Glärnifch
Mit alle Liecht'ren und Schatte, mit all fyne Rippen und Spälte,
Alle Terraſſen und Thürme, Baſtionen und Muuren und Zinne,
All fyne nackige Felfen und Wälber und Weibe für Gemsthier,
Da i fin Spiegel fo ganz haarfcharf hybrophotographirt hätt.
Chlönfee, bis du nu taub, weichſt, mir, mir täubeleb gwüß nüb.
G'fehft, mir bruucheb bis Porträt nüb, drum b'halt's du nu binne!
Denn morn gfehmer ja 's Original, und feb iſt is doch na,
Magſt iez male wie b' witt, e verwänbt guets Nümmerli lieber!

Cantus III.

Bald bruuf ruckt's em Voraue, und wie mer dem Huus efo näch find,
Daß men is gfeht, fönd euferi Roß wie be Tüüfel a unszieh,
Schränzeb in Hof ine, baß mer hänb gmeint, iez fchlög's is na ufe.
S' iſt en bidüütfame Zug, bä i difem Gibahre fich nusſpricht
Bu bene Vögelivoß, en Art Hinberfibarwinismus,
Daß e chly menfchelet, ifch en Binwys, öppedie ä bin Thiere.
Z' mizt vorem Kurhuus halteb mer ſtill, und iezt ufem Wage
Springed mer ufe (biwußt, baß Alls liberments nu is zueluegt),
Stramm und elaſtiſch, deby recht vornehm, ruehig gilaſſe,
Als ob mit Uusnahm vun ens b' Menfchheit eus wyter nüb agieng.
Plötli bigrüßed is froh — beibsytig ift ba b'Überrafchig —
Wer? zwee Fründ ou biheim, die ba im Vorauenerkurhuus

Als Curanten und zwar in doppeltem Sinn sich erholed.
Erstes kurireb sie da ihri Bei, ihri Lunggen und Mäge,
Die sie, bisunders die letschten, i heilsamer Uebig erhalteb.
Dänn, Curanten i schönerem Sinn, als einzigi Herre,
Thüend sie die sämmtlichi Wybsami da vu verschiebne Natione
So wie Generationen uf's Ritterlichsti bibiene.
Also die Fründ bigrüeßeb is ba, ba simmer wie umkehrt;
Zueknöpst hämmer bas Huus als Frönbi nu welle bitrete,
Jetz hingege die Chnöpf springeb uuf, mer thüend wie biheime.
Macheb ä churze Brozeß, und wo be Herr Kurhuusbirekter, —
Wirth, bas barf me nüb säge — sich mit ere mächtige Suabe
Schönster Hotelleloquenz — er hät si im Gujer studiert g'ha —
Sich an is anne häb g'macht, so heißt's bloß: Gend Sie is z'Imbig,
G'schwind, guet, und e chli vill, und denked Sie, baß mer ä Durst händ.
 Währed bas Esseli süübt, so hämmer dänn ordeli Zyt g'ha,
Nach dene Füehrere z' luege, wo euf're biwährti Herr Hauptme
Wie:n:i scho früehner ha gsait, grab ba is Voraue hät b'stellt g'ha.
Richtig da ständ sie ja scho, en Führer, bezne na en Träger.
Abraham Stüßi de Füehrer sich nennt, das weckt scho Vertroue,
Abraham Schießer de Träger, un cha's uf kä Wys ja mch sehle.
Abraham hinnen und vorne, ob hinbersi, oder ob fürsi,
Immer mer gheieb in Abrahams Schooß, ba cha's is nüb bös gah.
 Mit zwei Worte so will i bas Paar ietz gschwind e chly b'schrybe.
S' ist ba de Träger, de Schießer, en Burst, baß 's würkli e Freud ist,
Dä nu z' gschaue, so grab wien'ne Tann und starch wie'nen Eichbaum.
Ob ere mächtige Brust und bitto Achsle ba luegt ein
Treu und offen und kindlich heiter é jugeblis G'sicht a,
Grab wie nes Rösli so blüheb, und chäch boch, wie's eine Mah ziemt.
Wär i es Maitli, i müßt was i thät, wemmi so eine wetti.
S' repräsentirt der Abraham Stüßi en anderi Sorte.
Nüb ganz jung, i be Vierzge, ne G'stalt so vu mittlerer Höchi,
Breit über Achsten und Brust au er, just schlank benn und sehnig,
Vun Strapaze be Speck eso sast gar allen eweg butzt,
Ganz es Bild im Styl Bebuin, bloß mit eren Unsnahm.

Eusere Bergbebuin hät vor bene Wüestebiwohn're
Oppis vornus und zwar landschräftig athletischi Wade,
Wie si de Ludwig Vogel hät g'malt uf all syne Bild're.
So, das wäri bie Skizze vun euserem Abrahampäärli.
Jetz aber schynt's mer nu recht und billig, daß au na es Porträt
Werdi entworfen i wenige Striche vun euserem Chleeblatt.
Fange brum a mit Tem, daß prächtig mer zun enand passeb.
All Drei simmer glych alt, so uf bere kritische Gränze,
Wo me de Comparativ z' Hülf nimmt zur Altersbyzeichnig.
Jung ist me nüb, aber jünger, au alt nüb, hingegen älter:
„S' ist na en jüngere, 's ist scho en ältere Herr", je nach Umstänb
Redt me vun Eim; 's ist doch ä biquem, so en Comparativus.
All Drei simmer glych groß, e biquemi, mittleri Höchi,
Chummli zum Byspiel, wemmen am Tisch sitzt, 's ist ba vum Teller
Ober vum Glas eso grab bie recht Wyti buruuf in Consumhof.
All Drei simmer vu glycher Statur; im Punkt vu dem Thorar,
Tem allerneuste Probukt eibg'nössischer Reglementirchunst,
Simmer all Drei guet b'stellt; boch mues i bänn leider bikenne,
Wemme bas Mäß e chli tüüfer, i meine so über be Vorar
Statt ba be Thorar nähm, chäm na e chli meh beby use.
Einzig verschiebe mer sind im Haar nach Farb und im Träge.
Schwarzbruun, so ist be Hauptme, de Giacomo ist scho meh golbbruun,
Ich bin en Blonde; nu ietz mit dem Träge so isch es ebäweg:
Ich ha my Sach glychmäßig vertheilt über Schädel und Chifel,
Disi hingege, baß gleitiger göng wahrschynli bas Strehlg'schäft,
Ober au, wil si 's bunkt, 's seig imposanter uf bie Art,
Trägeb Alls mit enand nu an Eim Ort, nämli um's Chinni.
So, das wäreb bie Manne; ietz wemmer nu g'schwind na bimerke,
Daß s' all Drei harmoniereb in Ansicht und Füchrig vum Lebe,
All Drei Körper und Geist und G'mueth symmetrisch verpflegeb.
    S' Esseli wär nu parat, mer stürzeb mit Füür i's in Spyssaal,
Haueb nach Note benn y; benn breierlei starchi Biweggründ
Hänner zun chräftige Mahl: Vergangeheit, Gegewart, Zuekunft.
Z'erste das Netsteler Z'nüüni, seb ebe ba, wo mer nüb g'ha häub;

S' ist e Vergangeheit das, bim Strahm, vergangener nützt nüüt.
D' Gegewart ist 's Voraue, das b'rüehmti und gastlichi Kurhuus,
Das ja natürli verdient, wegen ihm scho es bene sich az'thue.
D' Zuekunft, das ist be Glärnisch; mer müend ietz eus're Maschine
Ferm nheize per se, wenn f' bobe denn recht solleb werche.

— S' Essen ist fertig, es händ i der Zyt die Stüßi und Schießer
Bergproviant und bifto Gipäck im Friede vertheilt g'ha,
Und wo mer chömmeb, so sait der Abraham Stüßi: Ihr Herre,
Jetz wegen eus, so chönnteb mer gah, mir Zwee wäreb greiset.

Uusgrüst simmer famos — das werdeb er später na merke,
Jetz will i nüüt uusbringe — mit Trankfami und ä mit Atzig;
Deckene hämmer und was me na bruucht für's Clubhüttelebe,
Bergwerchzüüg first rate; es Seil, wahrhaftig, vu Synde.
Alle Respekt, wenn das da nüd hilft, so weiß i denn nüüt meh.
Einzig e Lucke bistaht in enserer Bergequipirig:
S' Costüm nämli von eus Clubiste, das ist e chli minder.
Oben az'fange so sehleb is ganz die energische Schleier,
Wo so brüü Mal um de Huet ume gönd, das ist scho fatal giy.
Dänn hämmer all ganz gwöhnlichi Röck, und Westen und Hose,
Grad wie alltäglichs Thalsohlevolk, astatt doch ä mindstes
Englischi Jaggen und Bergpluderhose, vum Chnüü a Gamasche,
Oder bänn wulleni, gnoblete Strümpf, die ä Glegeheit büüteb,
Plastische Forme vum undere Gstell Anerchennig z'verschaffe.
Das sind Fehler, 's ist wahr, will gern g'seh, ob's da nüüt dumm's git.

Cantus IV.

S' wird eso halbi vieri gsy, wo's heißt: so ietz uufprotzt!
Jede hät gern dä Bisehl da vernah und folget em gleitig.
Stramm ziehnd us mer und stolz, begleitet vun herzlichste Grüeße
Und Glückwünsche vun eusere Fründe, sowie der Biwundrig,
Die is wie billig hät zollt die Damewelt pränumerando.
(Is nüb z'vergessen, en vierte Tourist, e jugebliß Burschli,

Gymnasiast vu Sant Galle, hät mit enen eigene Füehrer,
Au eme bluetjunge Chnab, 's ist euserem Stüßi syn Bueb gsy,
Euserem Corps als éclaireurs sich na attachirt ghä.
Scho e paar Wuche hät er z' Vorauen in Ferie zuebracht;
Zwei Mal scho i der Zyt häb er welle be Ruche bistyge,
Aber be Glärnischgeist, dä Uflath, hät ene beit Mal
Bis zu der Hütte la cho und ng'weift dänn wider hei g'schickt.
Under euserer Flagge nu 's britt Mal will er's probiere;
Herzli so wurds au für ihn, die ächt clubistischi Uusbuur,
Die dä jung Wilhelm zeigt, eus freue, wenn iez Alles guet gieng.
  Sägeb mer g'schwind na, daß dä jung Mah sammt Stüßi dem
              sjüng're
Scho es Halbstündli vor eus be buruuf ist, und nu cha's losgah.

———

  S'Kurhuus hämmer ä chuum im Rugge, so macheb mer sämmtli
Bergtoilette, das heißt, die Hemperchräge verschwinbeb,
S'Hemperbrisli wird wyt uufg'macht; denn euseri Blasbälg
Bruucheb hüt Luft, wenn sie gnueg Luft für eus sölleb pumpe.
D' Röck, die henkt me dem Schießer as Räf, zwar mit'nen Freüsi
Wege dem G'wichtszueschuß; die Wort sind währli für b'Chatz gsy,
Denn dä Athlet, dä macht si nüb vill us berige Details.
Ehrenerwähnig verdient speziell na be chic und der aplomb,
Womit dä praktischi Mah, de Herr Giacomo, 's Haupt bekorirt hät.
Underem Huet, da erschynut i blendeber Wyßi en Umhang,
Dä über's G'nick abe wallt, und unwillkürli erinnret
Anenen Afrikaforscher, be Livingstone selig zum Byspiel.
Weiß nüb, wie am Nyanzasee, oder öppen am Ganges
Asenen Chopfpuß heißt; mir sägeb em hie Fazenetli.
  S' führt vum Kurhuus b' Straß, er müssebs villicht, i der Ersti
Ganz ebeuä, u me meint, da chönn's nüb fehle; doch plötzlich
Taucht ung'sinnet es Hinderniß uuf höchst g'fährlicher Sorte.
Ja vu der g'fährlichsten ist's, die heißt, wenb Sie lose? moralisch.
Genb Sie nu Acht; i will 'nes erchläre, Sie werbeb mer Recht geh.

Wüsseb Sie, was en Chlausbaum ist, und händ Sie scho g'lese
Deet's Kapitel der Odyssee, wo bisingt die Sirene?
Kenneb Sie b'Aziehigschraft vume gute reale Weltliner?
Was isch Charybbis und Scylla, verglicho mit sonere Falle,
Wie de Chlaus Aebli eim stellt, wemme hindere will gegen Glärnisch!
Chlausbäum stönd da es Dotzeb und zwar vu der edelste Sorte:
Hunderijährige Ahore sinds, und b'Liechter, die zündet
Z'tuusige wys bruf a kein Gring'ren als b' Königin Sunne!
Ach, und Sirene häts da, dem Chlaus sini Chläuseli meini,
Sibe sinds ober ä nüün, 's mues allweg ä heiligi Zahl sy!
Vor be Sirene, won is de Homer eso prächtig hät b'sunge,
Händ zweierlei sie voruus: für's erst, so wird me nüb g'fresse;
Numero zwei, wenn's singeb, so singeb sie au mit Bigleitig,
Thüend zum G'sang na, jä so! uf Glarner Cithere harpfe.
Jetz na vum Wy — ba reb i nüb gern, 's ist bas öppis eiges;
Wemme ne na so gern trinkt, wie, was solli säge, mir Alli,
Desseili rebt me nüb gern deron, na vil weniger schrybt me.
Rechneb Sie ietz emal zsämme die brüüfach gstellti Versuechig!
Ja als vierti im Bund chunnt na die lüstigist Muse
Bun alle nüüne dezue, b' Terpsichore; benn au en Tanzsaal
Winkt eim zue ime lustige Bau, er ist da mansarde
Und belétage mit enand ('s ist nämli dem Chlans syni Schüür gsy)
Denket nu die vierfachi Versuechig: z'erste die Chlausbäum,
Zweites b' Sirene, und Drittes de Wy und Viertes de Tanzsaal,
Und daß mir trotzdem, trotz so'nere vierfache Bremse
Im volle Lauf siegrych vorbrunge sind ohni en Uufhalt,
Müend Sie benn nüb anerchenne, mer händ is als Helde biwise?

Hinderem Chlaus sym Heime de Weg bur es Ahorewälbli
Füehrt is e Zyt lang schattig und chüel; bänn folget en offni
Heiteri Gegeb, me gieht si zur Linken es Sytethal unsthue,
Wo zwüscheb Glärnischstock und Silbere lyt ineb'bettet.
Dahi nu schwenkeb mer ab, 's gilt mit strategische Chünste
Eusere Gegner, de Ruche, z' bisiegen und bur en Umgehig
By siner schwächste Partie, im Rugge se meini, ihn z'fasse.

Jetz überschryteb mer d' Chlön, nüd ohni debÿ is z'erinn're
Der merkwürdige Rolle, die punkto sÿnes Civilstands
J ber Natur das Wässerli spillt; denn oben am Chlönsee
Als **die Chlön**, un ba g'hörts zum Wybervolch under de Gwässre;
Unnen am See zum Mannevolch ghört's und thuets ä biwÿse
Underem Name **de Löntsch** mit Duunren und Toben und Wüethe.
Also im Chlönthalersee vollzieht sich e Metamorphose
Seltenster Art; ganz gwüß, wenn astatt dem Salomon Geßner
Vornen am See hätt dichtet der alte Ovidius Naso,
Wüßtet mer g'nau uf de Tupf, wie das Gschichtli da unne passirt wär
Also de Rubicon, euseri Chlön, die ist überschritte,
Und mer händ 's sindlichi Land, das Glärnischgibiet, nu birrete.
Ganz allmälig, es ist höchst chmummli, um d' Bei e chli z'gwänne,
Gaht's dur b' Matte durunj; dänn aber uf einmal so ändret's.
Ernsteri Arbet biginnt, zu deren Eröffnig de Stützi
Zmenen artige Rebli is b' Chräsmerartikel erörtret.
Langsam und stet, so mües me burunj, das ist so der Inhalt.
Um nu grab 's tempo z' geh, so stellt si de Stützi a b' Spitze.
Jetzed mit langsamem Tramp mer nehmed e stotzigi Halbe
Useme Zickzackweg mit Todesverachtig in Agriff.
S'ist für ber Afang e ganz netts Stuck; denn frisch übergrienet
Jst da de Weg, und wie! dä nüd öppe mit gschliffene Chisel,
Nei, mit grob verchlopfete Stei voll schnÿbige Chante,
Vollen infami, stachligi Spitz; me cha wäger nüd drums cho,
Ist er en Igel, dä Berg, oder ist en Schuster de Wegchnecht.
Item, mer händ's überwunden und nu umso besser bänn gschmöckt's is,
Wo drüber abe bi schwächerer Stygig de Bode hät g'wechslet
Zwüscheb elastischem Herd und ebene felsige Platte.
Treu deme Stützi'sche Räthe de Giacomo und ä de Schryber
Sind alliwyl ganz g'mach marschirt; sie händ alle Grund g'ha,
Ihri Euntorbei z' schone sowie die verstaubete Lunge.
An hät's trotz dere ruehigen Arbet bi ihne halt musg'seh,
Wie wenn im Hornig de Schnee uf em Dach schmilzt vnnene Föhne:
Wo me nu lueget, da glänzt's und röhrlet und brünnelet abe.

Vis-à-vis eus Rekrute da glänzt natürli de Hauptme.
S'wär au e Schand, wenn's anderst wär, bejür hät er de Grab g'ha!
Nüd zsämmez'rechne, wie wemme spaziere gaht mit eme Windspiel,
Wo da vor luuter Pfer, si z'robe, wol drüü oder vier mal
Währeb mir einmal de Weg z'rucklait, so ist ä de Hauptme
Hinne bald und bald vorne, ietz rechts, ietz links der Colonne,
S' Bild der Elastizität, an Eim furt gsprungen und gumpet.
Dänn wieder eismals staht er bi eus, so suuber und troche,
Als ob er grab zume Trükli uus chäm, und mit eme Gsichtli,
Trotz sym Bart eso liebli als ghört's eme Wehnthalermaitli,
Git er is prächtigi Strüüßli – vu was? was meineb Sie öppe?
Blume? ja woll! die chönnteb eim's ietz! die nimmt me im Heiweg!
Beeri, ihr Lüüt, sinds gsy, Eppeeri vu größtem Kaliber
Und allersynstem Aroma, – birüehmt besür ist ja die Gegeb –
Heidelbeeri dänn au, Impeeri hät er is g'opfret.
Gern häb er's g'geh, und gern hämmer's g'nah, das dörseb Sie glaube.
   Doch nüb ellei mit friedliche Werke hät eusere Hauptme
Sich da bisäßt; syn krieg'rische Mueth häb er au na biwise.
Wie de Sankt Georg hät er sogar na erschlagen en Lindwurm.
Zwar isch en jüngere gsy, drei Schuech lang öppen esange,
Aber i frageni: soll m: denn warte, bis so ene Hundwaar
Uusg'wachsen ist? bent nüb! – je gschwinder me's päcklet, je besser!
S'händ zwar giftigi Zunge bihauptet, dä jugeblich Lindwurm
Seig un e Ringelnaatere gsy – er werdeb bigryse,
Daß so e schwarzi Verlümbig me straft mit tüüfster Verachtig.
Daß so e Schlangezung uub emal chann b' Schlange la gelte!
   Anderhalb Stund simmer flott marschirt, da plötzli de Stüßi
Sait: Mini Herren, ietz halt! das Wässerli müemer probiere!
Und bime Bächli so haltet me still; die Räj werdeb abg'stellt,
Jederma suecht si en Platz zum Ruebe so möglichst bumabig,
So e miespolsterets Felstabouret oder ditto en Fauteuil;
Und nu bigitt sich e Szene, die's werth ist, daß me si b'schrybi.
Ehre dem Ehre gebührt! mer wend mit dem Wässerli asah,
Um beßtwille me ruebeb, und sägen, es seig erellent gsy;

Nametli, numero zwei, vermischt mit eblere Säfte,
Wo uf all Syte da füre ietz chömmeb i herrlichem Wettstryt.
„Seh da, versuecheb mynn Kirsch!" de Herr Giacomo rüeft ou sym Egge.
Mir nüb suul und sürfleb das Wäärli, und los benn im Chorus:
„Ganz exelent — en herrliche Tropfe! — bym Wetter, jä ase!"
„Ietz probiereb mynn sine Champagne!" kumebiert de Herr Hauptme.
Wiederum gleitig mer folgeb beni Rucf und sürfleb ā das ba.
Und dänn us tüüfster Brust entstygt en süürige Lobg'sang:
„Äh, wie fein! das g'schmöckt! das wärmt und chüelet uf Ein Tätsch!"
„Achtig, ihr Herre! nüb z' vill berigs Züüg!" warnt ietz da be Stüßi,
„Trinkeb Sie lieber ietz Wy!" — „Hä fryli, mer sind benn nüb ungrob!"
Und nu erschynt mit würdige Schritte der Abraham Schießer,
Und er enthüllt der Gheimnisse eis, wo eusem Herr Hauptme
Syner Gosere dunklem Grund er dunne z' Voraue
Hät enthobe und uufgschnallt dänn synn mächtige Buggel.
Halt 's ist letz! uf em Buggel nüb, er trait ja das G'heimniß,
Uf syner Huft; jä ietzeb, was isch es? ā Chrusle n, ihr Herre!
Ja, ä stürzeni Chrusle und brinn? mues das ä na gsait sy?
„Nu se be!" 's wäreb halt bloß ... hä nu bloß nüün Liter Inferno!
Ietz aber müenb er erlaube, daß ich i die Chrusle na näcger
Vorstelle barf; 's ist vill mer bra g'lege, benn währli verdient sie's.
Um sie nu z' bschrybe, da bin i gizwungen, i mues e Verglychig
Z' Hülf neh: benkeb Sie sich en Chäs, so vu mittlerem Umfang,
De me dänn wurd halbire; die Hälfti, wo mir nu binutzeb,
— Nämli für euse Verglych — die wurd' uf der Schnittflächi uusg'höhlt,
Bis so en Art Mondsviertel me hätt, wo die inneri Syte
Grab so uf b' Huft würd passe vum Mah: da hänb Sie die Chrusle,
Die dänn natürli mit Hals und Schrubeg'winbzapfe versetzt ist.
S' wirb ene klar sy sofort: die ächt hauptmännisch Idee
Bu ber Erschaffig der b'schribene Chrusle hät zweierlei Endzweck:
Z' erst, die nüün Kilo Wy, die solleb be Träger nüb drucke —
S' ist en humane Gibanke, bä gwüß synn Vater nu Ehr macht —
Zweites solli die Chrusle nüb rüttle, be Wy brin nüb gütsche —
S' ist en humane Gibanken au bas, men erchennt bra de Meister. —

Also das Wyugithüm wird eus nu zum erstemal vorg'stellt.
D' Form, die findeb mer ganz genial und lobeb sie sattsam;
Aber der Inhalt erst, dä zwingt is zu lunter Biwundrig,
Und mit inniger Rüehrig de Giacomo wie ä de Schryber
Denkeb der Gabe der nämliche Hand, wo na ihne bivorstönd.
Mächtig schwillt ne de Mueth, und 's ist 'ne sie seigeb scho bobe.
S' cha ja nüb sehle, wo däweg patent me mit Allem versehj ist.
  Nach eme Rast vume Viertelstüubli so heißt's wieder ufproßt!
S' gaht ieß längeri Zyt jast ebe dur b' Thalsole hind're,
Bis dänn uf eismal 's Thal uushört oder richtiger, asahl
Imene Chessel, wo's rings, uusg'nah nu de Weg, wo me herchunnt,
Uufsitygt und zwar ieß — jaso! ieß wird nümme g'spasset!
D'Wänd vu dem Chessel bildeb zur rechte Hand Silbreu und Pfannstock,
Grab voris zue ist de Fuule; und Nebelchäppler und Füürberg
Die hemmer linggs; wyt, wyt obe dänn, bur e Lucke da gügglet
Güstig und glüstig füraben es Diminutivportiönli
Zunge vum Glärnischgletscher, mer wennd dänn morn go bry byße.
Unterdesse so memmer de Hunger, de sich nu allmälig
Robt, uf en ander Art ieß gschweige; der Abraham Stüßi
Rüest drum Halt bime Brunne, mer solgeb em willig ä basmal;
Lieblicher Ahnige voll mer seßeb is nieder und warteb.
Und nu erschynt ou der Hauptmesgosere 's zweiti Giheimniß.
Das ist e Wurst, ja e wahrs Ideal vu eso eine Darmg'schöpf,
Roseroth, zart und syn; sie ist nüb umsust vu Lyon gsy.
S' ist so e fründlichi Huldigung das vum werthe Herr Hauptme,
Daß er da syne Gisährte, die beidi im Sydene g'werbeb,
Mit're Lyonerwurst ihri Mäge sich vorgnah hät z' tröste.
S' ist em würkli ä glungen und 's herrscht allsytig nu Ei Stimm,
So ene Wurst, ja so enes Mähli, das seigi halt einzig.
Ach, als treue Chronist lyt mir die bitrüebebi Pflicht ob,
Waretsgimäß na z' brichte, daß kurz bruuf abe dä Melster,
Wo = n = is die Wurst hät g'schassen, ist leiber verbunneret worbe
Als Mehlwurster numero Eis da in euserem Züri!
  D' Chrusle natürli hät z' thue by so eme tröstliche Wurstmahl.

D' Lebesgeister, die itzged deby und trybed de Hauptme,
Daß er zym Chrastüberschuß gymnastischen Abzug eröffnet.
Stüßi, so rüest er, lueged emal! dänn nimmt er es Steinli,
Blos öppen achz'g Pfund schwer, lupft's dänn ganz g'mueth li mit Eim Arm
Z'ersten e paar mal usen und abe, dänn use na wagrecht.
Bravo! Hauptme! so rüeseb mer beed, seh, Stüßi, probirebs!
Lupfe so chann er de Stei, mit dem Useheben isch nüüt gsy.
Enjere Hauptme dä lueget em zue; dänn streckt er der Arm uus,
Schlaht enen uuf und zue, und klassisch spilled die Muskle.
Keis Wort sait er; doch uf sine Züge da chönned mer lese:
Berglüüt, ihr hend besseri Bei — seb ist ja natürli,
Aber dänn hät's es; luegeb ich han besür Müüs ba an Aerme —
Gelled hä, das sind Kerli! me meinti bigost 's wäred Raße!

Cantus V.

S'ist Deppis schöns um so ene Rast, doch leiber so mues me,
Wemmen uf b' Berg use will, vu Zyt z' Zyt au wieder chräsme.
Demgimäß hämmer is au allmälig wieder uf b' Bei g'macht,
Und zwar basmal mit dem Biwußtsy, daß es iezt Ernst gilt.
D' Sehne die streckeb si, b' Muskle die schwelled, es blitzed die Auge.
Alles an eus ist Chrast, ist Mueth, ist Bergenergie gsy.
So sömmer b' Arbeit a und packeb be Stier grab an Horne.
S' gaht so es Pückli iez uuf, denk Jede bä weiß, was i meine,
Wenn i em säge cha, baß me bie sanfti idyllischi Stygig
Uf guet Glarnerisch halt myneidi Blangge binamset.
Also mer nemmeb bä Kerli bim Grips; die Agriffscolonne
Chunnd i der Reihe wie folgt: a der Spiße natürli be Stüßi,
Dänn be Herr Giacomo, die zwee Anb'ren, am Schwanz na be Schießer.
Poß Sapperlot, so denkt iez Mängen, ist bas so en Heißsporn,
Da bä Herr Giacomo, baß bä hütt z'ersit b' Clubhütte will ynetz?
Schier sott me's meine; nä nei, b' Chart lyt benn doch e chly anberst.
Nüb zum Stürme so staht er bavornen, er müend e kei Angst ha,

Bremse, das will er und bhebe, wenn öppe die Andre bihinne
Z'viel wend hüsten und strütten — er weiß, adagio, adagio,
Das ist alliwyl 's best, wenme sicher und guet will burnuf cho.
Aber das mues i dänn sägen, er spillt sini Rollen als Bremser
Würkli dänn ganz virtuos; kein Mensch soll merke sy Absicht.
Schläuling dä — er denkt, 's ist en alti Mugg, daß me verstimmt wird,
Bald men en Absicht merkt; thurgäuerlen ist drum am Platz da;
Das heißt, ja nüb lah merke, was öppe de Chöbi im Schild führt.
Loset iet, wie's agattiget het dä schlaui Herr Bremser.
Also mer ziehnd be burunf; dänn allbott, wenn em de Blasbalg
Hät kommediert: heh Mannoh heb üüf! so macht er e Wendig,
Stützt si mit nonchalance uf syn Stock und grnst nach em lorgnon,
Wie wenn en Deppis plötzli frappierli, und sait zu de Gfährte:
Lueged ä beet die Bilüüchtig am Pfannstock, dännen am Funle…
Ober ä: lueged emal, dä Kerli beet, das ist de Füürberg,
Wo = n = ich emal, vor Jahren isch gsy, im Nebel verirrt bi,
Bilmeh de Füehrer, dä Lappi, dä mich, anstatt ufen Ruche
Deet ufen Füürberg hät welle schleife, weiß trüüli, das Babi!
Fast und gar, es ist schier unglaubli, so wäreb mer ufe!

    Jetz aber isch a der Zyt, wahrheitsgimäß au na z' birichte,
Wie's Herr Giacomo's Hindermah, dä g'horsami Schryber,
Sich zu dem Bremse verhalt; genb Acht! es ist deby z' lehre!
Euserem Schryber — i säg' es iez da ganz under vier Auge —
Isch na so dhummli gsy, allbot eis wider z' verschnuuse;
Aber dä Schluss, dä laht unüb merken, und wenn de Herr Vormah
Halt macht und si dänn chehrt, so b'halt er der Athem bihinne,
Wenn's en au schier versprengt, um em Giacomo ja nüb lah z' merke,
Daß er halt au mües chnche; dä Kerli, i meine be Schryber,
Hät dänn es Schnüüfeli g'macht, treuherzig grab wien es Chinbli,
Und häb ä g'meint, per se, syni List, die merki g'müß Niemert.
Ja, ja, Lieni, 's ist recht, wenn d' un e chli mägerer wärist!
Aber de benkst nüd bra: by Feißi mues neime doch ufe.
Und so staht er halt da, und Stirnen und Nasen und Bagge
Sind überchrällelet gän allerliebst; und wenn er dänn öppe

Sich mit der Hand über's G'ficht ist g'fahre, da hät me dänn frӯli
G'merkt was Lands; denn links und rechts, da laufed die Bächli.
So hät der Eint' und der Ander, de Giacomo grab wie de Lieni,
Bloß nu us Vorsicht, daß öppe nüb ihri innigi Fründschest
Schade möcht libe bedur, daß eine der anderi schwach g'sech,
Sich gegesytig i beste Treue ganz gmüethli halt ag'schmiert.
Beed natürli händ g'merkt, wie b' Sach bim Andere ständi,
Aber en Jede häb benkt, er merk wol b' Listi vu Disem,
Vice versa jedoch seig's nüüt; sy Trümpf g'sechi Niemert.
Seh, was sägeb er ietz zu dem Bild? aheimele muez̓'s i!
Denk 's mues Keine wyt springe, dä's pendant will' goge sueche.
  Wenn's i denn recht ist, wetted mer ietz mit enand wieder wyter.
Immer buruuf und buruuf, so stygt nu die Bergcaravane;
Bloß öppebie per Variation, so chunnt dänn ä Ruuse,
Wo dry abe me mues und dänne per so wieder use.
Zwüschet inne dänn g'wönli da nimmt men in Schuehnen es Fueßbad.
Abetüür, wichtigi, chömmeb nüd vor — woll, Eis mues i b'richte.
Nämli 's ist das, daß plötzli die frieblich Chräsmercolonne
Sich eine sinbliche Füür vu Gibirgshaubitze vu großem,
Ja vu enormem Kaliber so nach dene G'schosse z' birechne
Bloß g'stellt g'seht; b' Batterie, die ist ihren Auge verborge,
Aber die Projectil, die g'sehnd sie i furchtbarer Nächi
Ufschlah, ricochettieren und wyter i g'waltige Sprünge,
Pumps! über Felsen und Halbe, bur Runsen und Bäch abesetze,
Bis sie dänn bunnen i b' Rueh sind cho am Fueß vu der Blangge.
G'schoß sind's gsy i Cylinderform, zwee Meter i b' Längi,
Einen ung'fähr i b' Dicki; ietz denkeb i, berig Granate!
G'sprunge zum Glück ist keini, worum: 's sind allz'sämmen y'g'macht
Wie in es Fangnetz; lueget me schärfer, so gseht me bur b' Masche
Wie öppis Grün's; seh, chömmeb ä nächer, mer wends ä chli gichaue.
Heiligi Barbara, nimm is in Schutz, wenn öppen en Schutz gieng!
Ach Herrjeh, was isch gsy! was gjehmer da, eusri Granate
Welle sind 's gsy, just nüüt, vunne prächtige duftige Bergheu!
Wie ganz anders als Pulverdampf wirkt so es Aroma!

Und ietz gsehmer dänn au, Haubitze se hät's da e keini,
Handgranate sind b' Gschoß, deet obe sind b' Artilleriste,
Grab thüend's wider e Salven eröffne und schickeb die Welle,
Statt sie is Thal abe z' träge, durab die b'schribeni Route.
Luegeb ne nahe: Se gönd, händ's denkt, und gumpeb ihr selber!
S' heißt Wildheuer die Artillerie, händ's denki errathe.
Eifach ist b' Uniform: bloß Hemp und Hose, dänn häts es.
Eifach au die Biwaffnig: e Sägisse mit eine Wetzstei.
Oben am Stutz, da gsehmer dänn au na en spärliche Vorrath
Vu so Granate, wo währed dem Dienst die wackeri Mannschaft
Alle Respekt! mit Hülf vu der güetige Sunn fabriciert hät.
Und mer ghöreb en Bricht vum Stüßi: Da g'sehnb er ihr Herre,
Grab vu dem Heu da en Theil wird z' Nacht dänn eus'ri Madraz iy.

Unberdeß chunnt wider es Plätzli, wo bynere Quelle
Hochwillkommen en Halt wird gmachet — be letscht vor em Hôtel,
Das mer bä Abig werdeb biziech; scho gseht me's erglänze,·
S' heißt emmel: deet, säb sei's! — ich han zwar nüüb weder Stei gseh.
Halt, was ist dänn ä das? was thuet ä beet änne be Stüßi?
Goppel ä botanisiere? wird nüb sy! doch es ist richtig!
Wer hätt ä benkt, daß hinder dem Mah en Botaniker stecki!
Jetz, ietz chunnt er ja z'ruck, und schwingt triumphireb vu Wytem
Usen und aben en Maie, was isch ächt, wo = n = er hät g'gunne?
Wie = n = er i b' Nächi ist cho, so gspürt men en chräftige Wohlg'ruch,
Dä — i be Bergen e selteni Sach — syn Maie verbreitet.
Enbli so ist er bi eus: Da luegeb ihr Herre, ba luegeb!
Mit bem streckt er is annen e gwaltigi Buschle vu — was ächt?
Ach, er errathet's nie, brum will ich i's säge: vu Schnittlauch!
Schnittlauch, ja so isch giy, nüüt bruucht's si ba z' lachen, ihr Herre!
D' Chuchibotanik ist au öppis werth, 's wird's Niemer bistryte!
Emmel beet euserem Hauptme, bem ist bä Maien ietz lieber,
Als Ebelwyß ganz Stoßbänne voll — seb holt me denn scho na!
Denn (i ber Chlammere gsait) nüb bloß als chef ber colonne,
Au als chef de cuisine will eusere Hauptme hütt glänze,
Und so e Schnittlauchbuschle, die häb ems ietz ebig guet chönne.

S' b'rycheret jns culinarisch Programm um e prächtigi Nummer.
Wo=n=i die Freud' ha gseh, da hani so denkt bi mer selber:
Seh, wie wär ietz ä das, 's häud ba i der Alpepost letschthi
Einigi höheri Postillion die sämmtlichi Flora
Euserer Alpe so flott durepeutscht in stramme Sonette;
Aber dä Schnittlauch hani vermißt, dem wämmer ietz helfe!
Dä mues au es Sonett ietz ha, und zwar en apartis,
Nämli uf guet Züritüütsch, 's gib i der Sprach sicher na nüd vill!
Denkt und tha, das Sonett hani gmacht, grad chönned er's ghöre.
S' ist bedicirt dene Herre Collegen und Chruutsonettiste.
Also ertönet, so reizeb, so nett, 's Sonett vu dem Schnittlauch:

Intermezzo I.
Alpenschnittlauchsonett.

O Alpeschnittlauch, du bist au en Kerli!
Wie stahst du da so holzgradnuf und chäch!
Du saist eim grab, wer d' seigist, frei und ehrli,
Wottst nüd, daß me de Chopf ob dir zerbrech'.

Dys G'wand ist nüd wie andri stolz und herrli,
S' ist grüen wie Gras — seb ist denn scho meh Pech; —
Was? saist du, G'wändli? mirawoll! 's ist währli
Mir grab so breit wie lang, wie=n=ich bry g'sech.

Ihr Alli da vum Alpebluemeflor,
Thüend mynetwege dick, so vill ihr wend,
Mit eurem G'staat, ich chumm i doch na vor;

Denn sterbed ihr, hät b' Herrlichkeit en End!
Ich thue zu voller Pracht mich erst entpuppe
Im heiße Tod i der Clubistesuppe.

Cantus VI.

So jetz wyter im Text; 's ist Zyt, daß eusi Colonne
Bald zur Clubhütte chunnt; denn d' Sunn ist jyt ere Stund scho
Hinder de Pfannstock abe und 's timberet stärcher und stärcher.
Nach dem b'schribene Schnittlauchhalt gilt 's bloß na es Stuck wyt
Dur enes Steilabyrinth unjz'stachle, dänn wird 's ja erlebt sy.
Eis das mues i na sägen, en passant, ganz i der G'schwinbi:
Wo mer bald druuf sind cho zum e Bächli, so rüeft da de Stüßi:
„Schießer hol Wasser!" und saib erchläreb zu eus: „Mini Herre!
„Das ist de Wirthshuusbrunnen; es Wässerli, besser, ja nützt nüüt!
„G'legen au ist's ganz chummli, e Viertelstund vu der Hütte.
„So, jetz wämmer's na näh, sust dunklet's, vor mer im Huus sind."
Also mer ziehnd be buruuf; bald chunnd ä de Schießer is nahe
Mit eine bäumige Chessi voll Wasser; euserem Hauptme
Schüüßt da 's Wasser i b' Auge vor Freud; us dankbarem Herze
Rüeft er: wowoll! jetz cha's nümme fehle, samos sümmer y'gricht!
Was er mit meint, verstömmer nüd ganz; er denkt a si Chuchi.
Hurrah! plötzli ertönt's ganz näch; 's sind euseri Buebe,
Wo is bigrüeßeb; i denk: he wo die sind, ist ä gwüß b' Hütte,
Gseh aber channi si nüb und fräge brum eusere Stüßi.
„D' Buebe stönd devor zue", so sait er, „me cha si grab nüb gseh".
— „Jä isch es ase, aha! natürli, das laht si bigryfe." —
Nu über Stei und Stei sümmer wyter dänn ghülpet und gstürchlet,
Bis a der Clubhüttethüren uf eimal b' Nase men aftoßt.
Gottlob wäreb mer also so wyt, und wäreb geborge
Glückli im Nachtquartier Hotel Firnblanggen am Ruche.
Jetz denk' werbeb mer müesen e Pschrybig mache vum Gasthof.
Groß ist er nüd, der Erbouer hät denkt, was chly ist, ist artig.
Aber solid, — denn Felse sind b'Wänd und g'schützt vorem Durzug.
Denn wemme Fenster und Thür ufspehrt und na so en Wind gaht,
Git's nüb be mindist Zug, gälleb hä, das chönnd er nüb fasse!
D' Lösig vum Räthsel ist die: eis Loch bloß hät's i bem Bou gha,
Und das ist 's Thüreg'richt; das einzigi Fenster vum Hotel,

Groß gnueg, das me be Chopf drnus streckt, ist wie ine Chloster
Abracht z'mitzt i der Thür, en ganz geniale Gidanke!
Denn so Touriste, wenn s' chömmed, händ gwönli ken trochene Fade
Meh uf em Lyb, und drum, us rein sanitarische Gründe
Hät die verehrlichi Sektion Töbi das Wese so yg'richt,
Daß au die Herre Clubiste sich ja nüd chönned verchälte.
Was dänn 's Inner bitrifft, so ist z' allererste z'erwähne,
Daß das Hotel zwee Stöck, es Plainpied und e Mansarde,
Uufwyst und me somit nüb G'fahr lauft, wemmen am Abig
Müed und verschwitzt achunnt, daß so en Galöri vu Chellner
Ein eso zeh, zwölf Stegen uuffüehrt mit tüüflischem Grinse.
So es malheur, Gottlob, chann umso weniger vorcho,
Als ä das Chellnergschmenß total fehlt da i dem Hotel.
S' hät e ken einzigi Stegen im Huus; der erst und be zweit Stock
Stönd bur en ascenseur, unhöfli ä Leitere gheiße,
Uf e biquemi und raschi Manier mit enand i Verbindig.
Ächt patriotisch, es mues ein freue, ist ferner de Bode.
Nir vu Cement, Parkett, oder so; heimatlichi Erde,
Reinsten und ächtiste Glärnischbreck hämmer unber be Füeße.
Chüel und lind, und chnootschet so schön, wemme trampet bruf umme.
G'spaß nu apparti, bie Hütten ist recht und eis ist famos gsy,
Mir senf mit dene Bnebe sind einzigi Gäst i dem Hotel.
S' dunklet vorussen und G'fahr ist e kei, daß ua Opper chömmi.
S'erst nu was g'schehet i der Hütten, ist euserem werthiste Lychnam
Sy burschteti Hülsch abz'zieh, und bur ene frischi
Trocheni z' remplaciere; das ersteri, das channi säge,
Ist i e schwirigi Sach; i meine so wege der Chlebnuß.
Purrlimunter und frisch simmer us bere Metamorphose
Usecho; euseri Mäge, mer gspüreb's, wäreb parat ietz,
Wenn s öppen öppis Guets bry gäbi — nu ruehig, nu ruehig,
Nu ä nüb gsprengt, das Glück, es ist scho i sicherem Azug.
Denn scho stabt er ja beet, bä Mah, und sorgt, daß es chömmi.
Hauptme, ja ietz erschalli dys Lob in herrlichste Töne!
Leider so hät's is a Lorbeer giehlt, just hätteb mer bo scho

Gwunden en Chranz bir nn byni Schläf; das thuet nu de Dichter.
Du, du häst is bifreit us grimmiger Magebibrängniß!
Grad wie de glänzebi Tag nach finsterer Nacht, eso folget
Uf die Schwärzi vun euserem Hunger e strahlebi Sunne;
Nämli e Pfanne voll Chost, golbgäl, si git i der Hütte
Orbeli heiter, so chräftig ist b' Farb vn dem herrlichen Erbsmues.
Und nüb gnueg na a dem, es nimmt be Herr Chuchibirefter
Brot, schnybt zölligi Würseli druus i en bäumige Huufe,
Röstet si dänn schön bruun ime Halbpfund süeßistem Anke,
Und dänn inne bennit i die Suppen; als Schluß vu der Leistig
Wirb na de Schnittlauch ietz syn g'schnetzlet orbeli druuf g'streut.

So — ietz ag'richt; Jeden ergryst syn Teller so quasi,
Vun emaillirtem Blech isch gsy e giwaltigi Tasse,
Und hebt under; be Hauptmen, i sester und stolzer Erwartig
Vu sym Erfolg, bä süllet zum Rand is die bäumige Chübel.
Ist das e Suppe gsy, ja e Suppe säg' i, e Suppe,
Würkli e wahrs Ideal, das 's meh weder eimal verdienti,
Das mes als soupe capitaine uufnähm i b' Berghotel-Menus.
Hoffetli wird me dä Wink verstah und sich benach richte!
Mir per se überhüüfeb de Hauptme mit Lob; volle Demueth
Ohni lah z' merke, wie tüüf 's en rüehrt, schleckt Alles er inne.
Nach dere Suppen erschynt die Wurst, wo=n=i scho devou gsaib han,
Alles natürli vu Zyt z' Zyt b'schütt' mit eusrem Inferno.

Z' letschten isch endli a mir, mys klari und tüüfi Verständniß
Für so es Glärnischmahl thatsächli z' dokumentiere.
„Stüßi, die Fläsche", so lahni mi g'hören, si gitt mer si gleitig.
„So, ietz b' Gläser parat; thüend's z' ersten e bitzeli spüele!
Isch e ken Pfaarer bi eus?" was, säged i', Pfaarer, worum denn?
„Wil jede Pfaarer allzyt i en Zapseziehen im Sack trait."
Fryli de Mah hemmer nüb; doch 's Werchzüüg findet si glückli,
— Meine fast, i heb's felber na gha — und b' Fläsche wird uufgmacht.
Jetz wenn i mett, so chönnt ich i lah na es bitzeli räble
Mit rathmeri rathmera, was öppe die Fläschen ethalti.
Aber i will's grad säge, die Fläsche, die ist volle Kafi,

Schwarze Kafi scho für und fertig, wo-n-ich vu dihheime
Mitbracht han zu dem Fest; vume kundige wybliche Wese,
Wo in Egypte das Fach häd g'lehrt, us luuterem Mocca
Ist nach Reglen arabischer Chunst bä Trank preperiert giy.
Dopplet starch, 's mues b' Chraft halt eben ä 's Quantum ersetze.
D' Bscheidehheit laht mer nüd zue, unsfüchrli mich brüber z' verbreite,
Was myni Herre College händ gsait zu dem herrliche Festtrank.
B'richte nu das, daß 's heißt, ebebürtig ist 's Kafi der Suppe.

So, sowyt wär iet Alls i der Ornig, e herrlichi Stimmig
Lebt in is Allen und bricht sich ä Bahn in heiterste G'spräche.
S' weiß öppen Einen es Lied und gilt's ung'nöthet zum Beste.
Ich ha die Vorsicht bruucht, die Vorträg z' stenographiere,
Und bi nu hütt i der Lag, zum Nutzen und Fromme der Menschheit
Jetz a der Stell, wo mer acho sind in cuserer B'schrybig,
Unfz'näh alli die Lieder; natürli me zwingt ja dänn Niemert,
Wer's gern liest, hä dä liest's; die Andere thüend's überhupfe.

Intermezzo II.

Clubistenlieder.

1. Die Clubhütte.

Hingekauert zwischen Felsen, an des Berges jähen Flanken
Liegt die Hütte, in der Oede ein verlorner Weltgedanken.

Ein paar Steine, ein paar Bohien, Handvoll Heu, ein schlichter Herd,
Das ist Alles; doch hier oben ist dies Wen'ge Alles werth.

Winterlang kein athmend Wesen naht sich dem vergess'nen Orte,
Höchstens ein verhungernd Gratthier knuppert traurig an der Pforte.

Doch im Sommer wird's lebendig in dem düstern Felsenneste,
Täglich frohe Menschenkinder dankbar werden seine Gäste.

Feur'ge Männer, kühne Mädchen zieht hinan ein süßes Grauen,
All' den schrecklich schönen Wundern des Gebirg's in's Aug' zu schauen.

Bergessöhne sie begleiten, trotz'ge, kernige Gestalten,
Harterprobt, ergraut im Kampfe mit den finstern Berggewalten.

Die den Gipfel erst erstreben, zügeln hier die schnellen Schritte,
Ihre Kraft zum schwersten Opfer stählen soll die Rast der Hütte.

Doch die kühn den Berg bezwungen, schon das hohe Ziel erreichten,
Treten ein, vom Kampf zu ruhen; siegesfroh die Blicke leuchten.

Oft im engen Raum die Einen treffen hier sich mit den Andern,
Jene, die zum Himmel streben, Diese, die zur Erde wandern.

Siegesstolz und Siegeshoffen, an des Einen Herdes Flammen,
Ebenbürtig sich erkennend, friedlich ruhen sie beisammen.

Eine Flamme glüht vor ihnen, Eine Gluth erfüllt sie Beide,
S' ist die männlich ernste, stolze, gottgeweihte Bergesfreude.

Trennend sich nach kurzem Rasten, reichen treu sie sich die Rechte:
Fahrt mit Gott! es sei'n euch gnädig des Gebirges finst're Mächte.

Wohl dem Wand'rer, den des Berges lichte Geister nur umschweben,
Die mit milder Schönheit Zauber seine Pfade rings umgeben.

Aber wehe, wann aus Klüften bricht die finst're Schaar hervor,
Anzuheben ihren Reigen, anzustimmen ihren Chor;

Alles Lebende bedrohet ihre wild empörte Wuth —
Kleine Hütte, kann der Wand'rer dann gewinnen deine Hut,

O wie brünstig wird er segnen deiner Mauern Gottesfrieden,
Wo vor grimmen Todesnöthen ihm die Rettung ward beschieden.

Kleine Hütte, Lust und Leiden, beide sind dir wohlbekannt,
Oft schon unter deinem Dache reichten Beide sich die Hand.

In dir weilten wunderselig, die die Liebe hielt verbunden,
Herzen, die in hoher Minne und in Berglust sich gefunden.

Da die engen Mauern dehnen sich zu weiten Tempelhallen,
Kerzen lodern vom Altare, Hymnen durch den Aether wallen.

Plötzlich, weh, welch' schrille Klänge! das ist der Verzweiflung Stimme,
So schreit auf ein Herz, zerrissen von der Schmerzen wildstem Grimme.

Sieh, der Hütte schmale Pforte öffnet sich des Todes Schrecken,
Männer bringen eine Bahre, mild verhüllt mit schlichten Decken.

Draußen sank die Nacht hernieder, und sie treten ein gezwungen
Mit der Leiche, die im Kampfe sie dem Gletscher abgerungen.

Ueber die zerschellten Reste seiner Braut, die er erkoren,
Wirft verzweifelnd sich der Jüngling, wie in Wahnsinns Nacht verloren.

Wo hat je in engerm Raume Eine Spanne Zeit vereinigt
Herzen, die so süß beseligt, Herzen, die so grimm gepeinigt?

So des Lebens bunter Reigen, Hütte, über deine Schwelle
Wallet mit des Leides Nächten, mit des Glückes Sonnenhelle.

Doch wann mit den weißen Armen Winter die Natur umschlungen,
Wirst auch du in langen Schlummer von dem Schneesturm eingesungen.

Und kein Zeichen mehr verkündet, welch' ein Leben dich erfüllt,
Weltverloren, weltvergessen ruhest du, des Grabes Bild.

2. Abendlied.

Sonne sinkt in Feuerfluthen,
Gießet ihre letzten Gluthen
  Ueber Berg und Thal.
Sonne sinkt, die Thalgelände
Ruh'n im Schatten, Felsenwände
  Glüh'n im gold'nen Strahl.

Sonne sinkt, die Firnen flammen,
Ihren Mantel schlägt zusammen
  Ueber'm Fels die Nacht.
Sonne sank, hinangeklommen
Sind die Schatten und verglommen
  All' die gold'ne Pracht.

Da noch einmal feur'ge Lohen
Wallen auf von lichtesfrohen
Häuptern eisbekrönt;
Dann erstirbt das letzte Funkeln,
Alles, Alles ruht im Dunkeln
Stille, mild versöhnt.

———

3. Trinklied der Clubisten.

Laßt kreisen jetzt den Humpen schwer,
Und schlürft ihn mälig leichter!
Schadt nichts, wenn zu Gott Bacchus Ehr'
Ihr werdet feucht und feuchter.
Auch uns're Firnen haben's so,
Wann auf sie brennt die Sonnen;
Drum seiet ihr des Feuchtthums froh
In warmer Freude Wonnen.
    Heidi! setzt an!
  Arm einen Ruck,
  Hals einen Schluck!
Wer singen und wer steigen kann,
Ist auch beim Zechen vorne dran,
    Hurrah!

Clubisten sind besond're Leut',
Apart und eigenzünftig;
Was And're nennen nicht gescheit,
Das nennen w i r vernünftig.
Vorsichtig schaut der Muttersohn
Zu Firnen hoch hinauf;
Wir eins, zwei, drei und hat ihn schon!
Wir sitzen oben drauf.
    Heidi! setzt an!

Arm einen Ruck,
    Hals einen Schluck!
Wer einen Gipfel zwingen kann,
Ist auch beim Weinzwang vorne dran,
    Hurrah!

Clubisten steigen dort hinauf,
Wo 's Wasser nicht mehr gibt;
Drum wählet unsern Lebenslauf,
Wer reinen Weintrunk liebt.
Ach Gott! was wird man hint' und vorn
Betrogen heut' beim Wein;
Doch oben auf dem Wetterhorn
Da soll's noch sicher sein.
    Heidi! setzt an!
Arm einen Ruck,
    Hals einen Schluck!
Wer Panscherei nicht leiden kann,
Der ist beim Aechten vorne dran,
    Hurrah!

Clubisten haltet stets euch stramm,
Nie Schwindel euch erfass';
Und geht ihr heim, thut euch zusamm'
Und wählt 'ne gute Strass'!
Und thun es nicht die breiten Schuh',
Der Bergstock und das Beil,
So gebt noch einen Punkt dazu
Und bindet euch an's Seil.
    Heidi! setzt an!
Arm einen Ruck,
    Hals einen Schluck!
Wer seinen Heimweg finden kann,
Der ist beim Sitzen vorne dran,
    Hurrah!

4. Sturmbild.

Drei Männer sie klimmen zur schimmernden Höh'
An schwindelnder Eiswand dachesjäh.

Es hauet die Stufen hinan den Hang
Des Vordersten Beil mit schrillendem Klang.

Sonst rings kein Ton, kein Lüftchen weht,
Allüberall ruhige Majestät.

Der Morgen ist klar, die Luft ist lau,
Der Himmel erstrahlt in tiefem Blau.

Rastlos die Dreie sie klimmen hinan,
Die Sonne verfolgt ihre leuchtende Bahn.

Sie steh'n an der letzten, der jäh'sten Wand,
Die Sonne versendet glühenden Brand.

Nun stehen sie oben, — und im Zenith
Da strahlet die Sonne, und glüht und glüht.

Den Dreien da wird's so seltsam bang,
Kein frohes Lachen, kein Gläserklang.

Sie schau'n nicht hinaus in die Wunder der Welt,
Sie schauen hinauf zum Himmelszelt.

Und wehe, sie werden's mit Schrecken gewahr,
Verändert, verwandelt ist's ganz und gar.

So leuchtend der Himmel, so leicht vorher,
Nun eherne Kuppel, drückend schwer.

Sie scheint sich zu senken, der Rand zu rücken
Näher und näher den grausenden Blicken.

Und dort über jenes Kammes Rand
Empor schwebt's langsam wie fahle Wand.

Horch! leise erhebt sich schaurig Gestöhn —
„Weh uns! zu Thale! der Föhn, der Föhn!"

Die Dreie sie rufen's wie übermannt,
Dann reichen zusammen sie sich die Hand.

Sie schau'n sich in's Auge: „In Gottes Namen!
Wir steh'n zu einander, Gott helf' uns, Amen!"

Und ohne Hast, doch rasch und behende
Sie klimmen herab eisstarrende Wände.

Die Dreie sind ächte Männer fürwahr,
Ihren Muth, ihre Kraft es stählt die Gefahr.

Der Blick, er ist doppelt sicher und helle,
Die Glieder gehorchen doppelt schnelle.

Sie klimmen und klimmen an schwindelnder Bahn,
Drüben wall's näher und näher heran.

Sie suchen den Pfad durch brechenden Schnee,
Dunkler und dunkler wird's in der Höh'.

Sie steigen herab am Felsenthurm,
Da fessellos wüthet einher der Sturm.

Von Graten hernieder, aus Schluchten herauf,
Da wogt es und wälzt sich und ballt sich zuhauf'.

Und schaurig' Geheul durchgellet die Nacht,
Der berstende Gletscher kracht und kracht.

Den Dreien die Kraft wächst und der Muth
Mit des Sturmes wachsend empörter Wuth.

Sie klammern sich an an Zacken und Spalten,
Dem rasenden Anprall Stand zu halten.

Da fahle Wolken, bräuend geballt,
Auf einander treffen mit Riesengewalt.

Jäh zuckt es empor mit flammendem Schein,
Hochlied des Gewitters schallet darein.

Der Donner rollet, die Lüfte lohen,
Wild jauchzen die Geister, die sturmesfrohen.

Und droben, sieh! auf ragendem Thurm,
Da stehet er selbst, der mächtige Sturm.

Vom Haupt ihm wallen die Wolkenheere,
Die Faust entsendet glühende Speere.

Und lauter und lauter erhebt er den Sang,
Der rollt majestätisch die Berge entlang.

Aus Felsen, aus Klüften, da bricht's hervor,
Antwortend mit tausendstimmigem Chor.

Der Sturmgott hebt die geballte Hand,
Und schleudert dahin wie weißen Sand.

Da saust's hernieder mit blinkenden Schloßen,
Hei! mit vernichtungsfrohen Geschossen!

Aus berstenden Wolken allüberall
Ergießt sich zur Erde rauschender Schwall.

Weh, weh, in der Elemente Toben
Die muthigen Klimmer am Gletscher droben!

Wohl sind sie gefallen, im Kampf, zu schwer,
Drei Männer gegen ein wüthend Heer!

Nein, Gott sei Dank! er lenkte die Schritte
Der Wanderer treu zur schirmenden Hütte.

Sie haben erreicht sie mit letzter Kraft,
Hier sinken sie nieder zum Tod erschlafft.

Doch bald sie durchströmet neues Leben,
Zusammen die Drei sich wieder erheben.

Sie reichen die Hand sich, schauen sich an,
Da um ihre Fassung ist es gethan.

Sie haben im Sturme nicht gezittert,
Jetzt stehen sie schaudernd, tief erschüttert.

Sie blicken nach oben in stummem Schweigen,
Und heiße Gebete zum Himmel steigen.

Hoch woget die Brust, so danküberfüllt,
Dem Mannesauge die Thräne entquillt.

Dann drücken sie kräftig sich die Hand,
Geknüpft ist ewiger Freundschaft Band.

Nichts schmiedet so fest ja den Ring der Treue
Wie der Todesnoth erhabene Weihe.

5. An's Vaterland.

Mein Heimatland, wie bist du so wunderschön
   Mit Thälern grün und blinkenden Firnenhöh'n;
Wie wonnig und wie erhaben ist dein Reiz,
   O du mein Vaterland, du meine Schweiz!

Wie schön bist du, wann mit rothflammendem Mal
   Der Himmel dich küßt im ersten Morgenstrahl;
Wie thronest du hehr in ruhiger Majestät,
   Wann hoch der Mittag über die Lande geht!

Doch wann der Abend dich in die Arme schließt,
   Mit Purpurgluthen das Antlitz dir übergießt,
Dann deiner Schönheit herrlichster Siegesschein
   Strömt allüberflutend mir in's Herz hinein.

Helvetia, du wundersame Maid,
   Um deren Liebe der Himmel selber freit,
Wie dank' ich Gott, daß ich, ein seliger Mann,
   Dich lieben darf, dich singen und preisen kann!

Du hast mir erschlossen deinen Juwelenschrein,
   Und ließest mich schauen in seine Pracht hinein:
Hei, Diamanten und blauer Saphirenglanz,
   Hei, Perlenbänder und grüner Smaragdenkranz!

Du ließest mich klimmen auf deinen höchsten Thurm,
   Der raget so stolz über Wetter- und Donnersturm;
Da deine Besten ich schaut', deine Schlösser all',
   Wie reihet sich Burg an Burg und Wall an Wall!

Und durch das wogende Luftmeer, klar und rein,
   Mir war's, als schaut ich dem Himmel in's Herz hinein,
Und Stimmen erschallten von oben tief und klar:
   Gebenedeiet dies Land auf immerdar!

Da sank ich nieder wohl auf der Erde Grund,
   Und auf den Fels ich drückte den heißen Mund:
O Vaterland! auf ewig, ewig dein,
   Dir will ich mein Bestes, will ich mein Alles weih'n!

Dir sing' ich mein höchstes Lied, meinen schönsten Sang,
   Er schalle dahin, die Berge und Thäler entlang,
Und rauschendes Echo klinge von fern und nah':
   Wir lieben, wir schützen dich, Helvetia!

Cantus VII.

Underdeß hät's im Freien im Ernst ietz ag'fange nachte
Mir göud use na gschwind und freued is a der Bilüüchtig,
Die, es ist Vollmond hüt, taghell das Bergpanorama
Jme ganz eigene zaub'rische Liecht vor d' Augen is hiſtellt.
„Herrli, 's ist wahr, hemmers troſſe," ſo ſäg' ich, du ä beet obe,
Machſt dy Sach ja famos, guet Nacht, guet Nacht, du myn Chägi!"
„„Was da Chägi, was isch mit dem, wenn d's weiſcht, ſo gib's vu der!""
Also ertönt's ringsum, und ich: „Jä wüſſed ihr das nüd?
So hät z' Züri zur Zyt vu der Baumölſtraßebilüüchtig
(G'heiße der Oberlaternenazünder, und wil dänn all Monet
Luut ſtadträthlichem B'ſchluß ihm ſpette hät müeſe de Vollmond,
Hät me au dem halt Chägi um g'ſait; hütt ſaiti me Hartme."
Nach dem Ercurs in's rychi Gibiet der Zürcher Culturg'ſchicht
Zimmer dänn wider i d' Hütte; nu einzig na euſere Stüßi
Blybt e chli buſſen und luegt, und lysli, daß es ken Menſch g'hört,
Sait er und ſchüttlet de Chopf: „Hm, hm, i weiß nüd, i weiß nüd,
S' g'fallt mer nu halben, es glänzt mer z'vill, will gern g'ſeh, wie's
[morn gaht."
Dänn iſt er inne, doch nüüt laht er merke vu ſyner Biſorgniß.
Underdeß ſimmer bra gange, die Better vum euſerem Hotel
G'nauiſter Muſterig z' underzieh', 's Ergebniß iſt günſtig.
D' Solidität, die iſt guet, mer ryted ſie ſicher nüd z'ſämme;
D'Lindi — jä halt! — „he Stüßi" ſo rüeſed mer, „wo iſt das Wildheu?"
Aber da lachet bä hinder de Zähnen und ſait: „Myni Herre,
S' Heu, das chämi halt eben erſt morn; aber ſo vill iſt ſicher,
Das händ b' Herre ja gſeh, daß es gmacht iſt, ſeb iſt ja b' Hauptſach."
„Ja ja natürli," ſo ſägeb mer druuf, „per ſe iſt das b' Hauptſach!
Und aſe thuet's em denn ämmel ä nüüt, wenn mir nüd druf liged.
Uebriges hät's ja, ſo vill me cha ſchätze, na ſicher es Pfündli
Zwei oder drüü alt's Heu uf der Britſche, ba cha me nüd chlage."
Nach bere Muſterig ſitzt men an Tiſch zume gmüethliche Schlaftrunk.
„„Das iſt denn wahr, ihr Herre"" ſo ſait ba uf eimal be Stüßi,

S' ist es Wunder, daß hüt ame Samstig mir so elleige
Chönnd i der Clubhütte sy; just gwönli fast all und eiǹ Samstig
Chrosleb's vu Lüüte da obe" — „Juhuuh" so wird die Bimerkig
Plötzli bikräftiget, zwar dur en gellebe Junchzer vorusse.
„Was ist ä das?" so fräged mer Alli mit finsterer Ahnig.
„Gsehlt häts," trocken antwortet de Stüßi, „es chunnt na e G'sellschaft!"
Richtig, da juuchzeb sie wider vorussen, es tönt scho vil näcker.
Stumm verrichtet de Schießer die schwer Pflicht, b' Thüre go uuf z'thue,
Daß dä nächtlichi B'suech syn Weg an findi i b' Hütte.
Jetz ruckeb's y, irer fünf, just nüüt, fünf bideri Schwyzer,
Das heißt, Eine devo schynt nüb i Helvetie gibore,
Wenn er au b'Chrastunsbrück vu der Sprach höchst kunstgirecht a'wendt.
All fünf schyneb Touriste, e keine, de glycht eme Füehrer.
Richtig erchennt, B e r g süehrer händ j' keine, doch als en Ersatz dänn
Händ si en Hauptw o r t führer by sich, 's ist ebe dä Asäß,
Dä i der Branche so Tüchtigs bivyst wie de Stüßi i syner;
Denn die Schnörre, die lauft wahrhaftig als gieng si am Wasser!
Emmel am Wy ist sie g'losse, seb merkt men, es Zytli voranne.
Gschwätzt hät de Mah, als müeßt er na hünnicht de Ruchen abschlyse.
Glaubed nüb öppe, daß 's Quantum dänn vu der prächtige Leistig
Jsluß gha heb' us b' Chrast, ä biwahr; so vill ä de Redner
Hät producirt, er hät doch an Eim furt brüelt wie = n = es Lohrind.
Wend er der Inhalt kenne der Reden? — es thuet mer wahrhaftig
Leid im innerste Herzen, i han fast nüüt devu b'halte.
Bloß das weißi, en englische Schnaps, wo de Mah i sym Ranze
By sich hät gsüehrt, dä hät er bisunge mit Enthusiasmus.
Und generösester Wys, so will er is bra na lah schmöcke.
Mir Schüüchbündel, wie dumm, gönd nüb und händ em na nei gsait!
Ganz überrascht, verlüürt er de Zapfen ietz da vu sym flacon;
Und nu isch gange mit Sueche, mit Chlagen und Jaam'ren und Röthe.
Dänn aber haubchehrum übersprublet er wider vu Späße,
Die mer nu leider nüb so, wie sie g'meint sind, händ chönne gnüüße;
S' sehlt is halt ebe bezue die nöthigi höheri Bilbig.
Das ist biquem, mir müend nüüd reden, er redt ja für Alli.

Alls hät gschwyget, nu öppen emal hät Eine vu Dise
Sich na lah ghören, en älters Maunli, dä mit en Art Buuchstimm
Halt allerliebst es Hündligibell is g'geh hät zum Beste.
All's hät z'letschten es End; au so e Motoreschnörre
Staht am End still; die Gsellschaft gaht na e chly go verluste,
Zieht si bruusthi dänn b'Leiteren uuf in obere Stock z'ruck.
Mir händ glücklicherwys rechtzytig 's underi Schlafg'mach
B'setzt mit enand, und streckeb is iez ba uf der bischrib'ne
Heudilli uns, nachdem mer hend g'macht z'erst Schlaftoilette.
Gschichtlichi Treui verlangt ä vu deren e gnaui Bischrybig.
Mues 's riskieren uf d' Gfahr, daß iez öppen Eine mer roth wird.
Also e so isch es gsy: b' Bergschueh zieht men ab und dänn hät's es.
S' Bett hät mir de Herr Hauptme rangirt mit rüehreber Sorgfalt.
Nämli er gitt mer en Pfulmen i Form zwar vume Tornister,
Sowie en plaid als Decki bezue; für All's wie ne Mueter
Ist er bisorgt; mit berige Lünte, da cha me scho reise.
Jetz sött also dä Schlaf losgah, denn e tüchtigi Arbet
Staht is bivor morndeß; 's ist nöthig, daß me si stärchi.
Nu nu — mer händ's ja im Sinn, und wend gwüß Ernst ha mit Schnuuse.
Also me leit sich z'weg; und mit Rütsche, Chehren und Rangge
Suecht me die Lag, wo me meint, iez chönn me syn werthiste Lychnam
So alüge demit, daß er glaubi, er ruebi diheime.
S'Lüge, das sötti hütszngs nüd aparti e schwirigi Chunst sy;
Aber in euserem Fall, merkwürdig, es will nu nüd g'rathe.
Wie me's probiert, dä Schlaf z' verwütschen, allwglen etschlipft er,
Just wemme meint, iez chönn 's nüd sehle, me heb en am Feckle.
Endli so hani doch g'meint, iez mues sy, daß 's emal Ernst gilt.
S' hät mer so gliechtet, g'wohlet centummen, en duftige Schleier
Ist abeg'schwebt vorem geistigen Aug', 's verschwindeb die Bilder
Meh und meh . . . iez meini, i schlafi, es traumt mer, i ghöri
Wyt i der Ferni en Juuchzer, und wider iez, lüüter und nächer,
Endli je ghöri em Stüßi sy Stimm, er sait da zum Schießer:
„Gang, thuen nuf de Gottsnamen, es chumnt schynts na so es Trüppli."
Wie mer die gräßliche Wort händ g'hört, All wie uf Commando

Schnüzged mer uuf, und lueged is a in grimmiger Täubi;
Jede hät by sich im Stillen en Züritüütschi lah fahre,
Müeßt me ne telegraphiere, er zählti allweg für e paar Wort.
Drunf in Stoiker Wys mer löjed die Krisis mit Lache.
Aber das blos en Moment; denn me g'hört scho die neu Caravane
Und der Justinct commediert is sofort, eh j' chömmed i b' Hütte,
Wider is recht schön breit z' verthue, und z' schnarchlen und z' schmunje,
Daß 's enmel Niemetem yjalle chönn, dä Platz is z' bistryte.
Also die dritt Caravane ruckt y, 's sind na ihrer drei gsy.

S' mag eso elfi gsy sy; natürli da denkt nu en Jede,
S' werdi die neui Colonne mit Rücksicht uf b' Polizeistund
B'scheiden und hübscheli still ytüüselet sy i die Hütte.
S' ist aber leider nüd ganz so gsy; mit g'waltigem Trampe
Chömed sie inne: „Seh, händ e chly Sorg" so sait ne de Stüßi,
„Da, myni Herre, vu Züri sind's cho, er g'sehnd ja, sie schlafed;
„Sind drum es Bitzeli still!" „Ja woll!" rüeft Eine, „was denkst ä?
„Stüßi, bist goppel ä lätz! dy Herre chönnd iez nu grab uufstah,
„S' ist iez an eus zume Schlaf, die beet händ gnueg chönne ruebe!"
„Was!" entgegnet de Stüßi, „grab iez händ's ag'fange schlafe."
„Gang mer ewegg!" sait Diese bruf abe, „z' Vorauen is Chlause
„Händ's is g'nau chönne säge, wänn euri G'sellschest darruf ist.
„Vier Stund sind er scho da;" (dä Sackerlöther hät recht gha)
„Also mir macheb iez Casi, dänn schick du dy Herre wo b' hi witt.
„Wo ist das Wasser! vorwärts, geub her, ist seb nüd de Schießer?
„Gschwind gimmers Chessi!" dä Schießer, dä Schlussi, dä git em es Chessi,
Wie so e rechti Gamelle, (mir händ's als Gätzi hüt bruucht gha)
Aber das eigetlich Vorrath=Chessi, das mornbez am Morge
D' Chuchi mues spyse, das hät myn Schießer prächtig versteckt g'ha.
„Was!" tönt wider die Stimm, „was sölled mir da mit dem Tröpfli?
„Wasser gib her, häst ghört!" „He z' Hagel gönd selber go hole!"
Git' ne de Schießer zum Bscheib, „nennd 's Getzi und gönd ihr zum
                                                                [Brunne,
„Wüssed ja wol, wo = n = er ist!" „Jä so!" meint iez wieder Die,
„Chunnst mer du ase! gib acht, mir wend dys Chessi scho finde!"

„Scho i der Ornig, i ha's!" so ghört men en anderi Stimm iez,
Die ist nu Eim, wo währed der Zyt, daß Dise heub kistet,
Ganz i der Stilli für sich hät umezündt mit 're Laterne.
„Schießer es hät bi, das Chezzi ist da; iez simmer ja g'reiset."
Iez natürli die Drei, die lacheb, daß b' Hütte hät g'wagglet.
Aber de Stüzzi mit ruhigem Ernst, wie's ziemt eme Bergmah,
Bringt mit wenige Worte die ganz G'schicht völlig i b' Ornig.
„Remmeb," so sait er, vun euserem Wasser, „wo mir ufetrait händ,
„Remmeb, so vil er grab bruuchet zum Casi, doch simmer iez stille,
„Und wänn er trunke händ, liggeb er ab da under de Füeße
„Bu mgne Herren, er häub schön Plaz all drei da betwäris."
Euserem Stüzzi syn Compromiß findt eihellig Aklang,
Luut so erchläreb bie Drei ihri Zustimmig, stumm die drei Schläfer.
All's ist z'fride, bie neu Caravane, die trinkt ihre Café;
Nach und nach merkeb sie bänn, sie chönneb si glych underhalte,
Ohni grab z' rücfe, wie wenn sie biheim bym Casijaß sâßeb,
Oppeu im Glarnerhof, wo's tönt allimgl, wie wenn b' Gastig
Stocktaub wäri, so chräheb s' enand über b' Lischli i b' Ohre.
Lyser und lyser wird's G'spräch und enbli verstummet das Chleeblatt,
Leit sich mit einigem Schürge von euserem werthiste Fueßg'stell
Unne betwäris uf b' Britsche; grab ersti Claß sind si nüd g'fahre,
Gusebett chönnt men alsaals some Lager uf Züritüütsch säge.
    Währeb dem Parlamentieren ist glückli be Samstig vergange.
Also be Sunntig ist azehrt gyn, wo mer wider wend Ernst ha,
Daß mer doch öppen es Rüngli zum Minbiste chönneb na schlafe.
Byspiel, wie me das macht, die thüenb is da euseri Buebe,
S' Stüzzl's und be Santgaller, ad aures vordemonstriere.
Jezteb al Dritten im Bund, fäht au na der Abraham Schießer
Tanneni Schyter a sage, vu Hand, ohni Schmib'schi Motore.
Aber es ist nu nüd g'rathe, das Ranggen und Chehren und Pfnuuchse
Gaht an Eim Zug immer furt; per se ist b' Luft i der Hütte,
Feuf Mah boben und zeh überrunne, bezue un Eis Feister.
Das na berzue bämm zue, nüb aparti die alleribest gyn.
So isch bigryfli, daß, wo so am Zwei der Abraham Stüzzi

S' Zeiche zum Uufstah gitt, mir Drei ba vun euserem Lager
Sind uufg'schosse wie b' Bremse, mer fahred energisch is Schuehwerch,
Und dänn use vor b' Hütten, is freudig devo z' überzüüge,
Daß mer es Wetterli händ, wie z'sämmetrait, ja, vu de Tuube.

Cantus VIII.

Aber was ist denn ä das? simmer wach ober soppt is es Traum=
[bild?
Wo sind b' Sterne? ken einzige gseht me, ken Vitze vum Vollmond.
Dunkel isch wie in're Chueh; erst nach enre zimliche Wyli,
Wo sich 's Aug e chly ng'wännt hät, ba g'sehmer bie Umriß
Vu bene Bergen und brüber e Wand, eitönig und sinster.
Aber vum Pfannstock her, grab usem birektiste Weste,
Chunnt de seb Luft, wo bi eus me der Albisrieder binausset.
„Ohä, b' Chappen ist letz!" so stygt selb britt ba en Süüszger.
Und brüber abe gaht's los: „Das ist ietz aber denn glych ä ....
Nei, das ist doch zum ....", maled i's uns, wie's öppe mög' tönt ha.
Leider so nützt all's Täubele nüüt; mer müend is halt schicke.
Schließli wer weiß, 's ist ietz nanig gsait, daß Alles verheit sei.
S' regnet nanig, seb ist esang gwüß; wenn wieder de Föhne
Möcht durchdrucke, so wurd' er dänn gschwind uufruume ba obe.
Also nüd b' Feckte lah lampe; zu Dem isch immer na früch g'nueg.
So hemmer unber enand is tröst, und sind dänn i b' Hütte.
Deet hantiert a der Chonst scho de Stützi, und eusere Hauptme
Schlüüßt sich im a. Bald jys culinarischi gestrigi Kunstwerk
Staht vor is zue in Uuslag zwei, und schüücht ä de Reste
Furt vu ber Täubi; en Galgehumor statt besse sich ystellt,
Und i vortrefflicher Stimmig, nachdem mer das tröstlichi Erbärmnes
Wiber mit Mocca händ bschütt', so hemmer is fröli uf b' Strümpf
[g'macht.
S' wird e so halbi Vieri gsy sy, wo 's wiber uf b' Reis' gaht.
Mir und b' Buebe nüd öppen ellei; die andre Colonne

Henkeb all beeb hinen a; mir chönneb natürli un stolz sy,
Daß sie die Wahl vom Füehrer, wo mir händ troffen, uf die Art
Ung'fragt sanktioniereb; es ist is iez eusere Stüzi
Nach dem Huldigungsakt grab e mal meh werth weber vorig.
Loseb iez wie si b' Colonne formiert: a der Spize be Stüzi,
Hinber em bry be Herr Giacomo bänn als Marschregulator,
Druuf alli Andre wie's chunnt, und hinnen am Schwanz na be Schießer.
Also marschiereb mer nus; es timbret esangen e bizli,
Düütlicher als vorher mer erchenneb iez, baß mer bütschiert sind.
S' gieht boben uns, als wäri vu Chartebeckel e Dilli
Über is gspannt, so flach und grau; die Berg um is umme
Sind is syt gestert z'Abig ja ganz uverschannt uf be Lyb g'ruckt.
Grab vor der Nase so staht beet enne be Fuule, be Uslath,
Wie wenn er säge wett: hä, 's Treckloch ist hütt alletthalbe!
Stumm, es ist Niemetem brum, iez z' schwäze, so sömmer a styge.
Nüb so lang gaht's, so gilt's bänn au Ernst, na anderst als gester.
Gächer se wirb's und gächer; die Stygig an einzelne Stelle
Ist, baß wemme müezt nüüze, me b' Nase wurb g'schänden am Bobe.
Langsam ruckeb mer vor; mer händ nüb nöthig ja z' strütte,
S' ist chuum Vieri und bloß drei Stund oder au dreiehalbi
Rechnet me's usen uf b' Höchi, me cha si brum prächtig der Zyt lah.
Nüücher na wirb un be Weg, mer chömmeb es bizli i b' Felse.
S' heißt Steithäli die Stell, ba gilt's, he nu ja, e chly z' chräsme.
Schwirig isch nüb, im Gegetheil ist b' Abwechslig nu ag'nehm;
Bsunders ä, will men is sait, drüber abe se thüeg me bänn raste.
Also mit Händen und Füeeze mer chrableb ba munter burufe.
Wie mer die Stell bänn hinber is händ, chunnt richtig be Ruehplaz.
S' ist ame Grasband gsy; grab zu syne Füeeze ba g'seht me
S' underschi End vum Glärnischgletscher; en mächtige Felse
Hanget ba über de Weg und drunber bifinbt sich en Brunne.
Das heißt, ns ere Rize, ba rünnt es Fäbeli Wasser,
Sammlet si zun es paar Gümpe; ba macht me halt nüb so vil Umstänb,
Trinkt vn der Röhren und trinkt usem Trog, grab wie me bezue chunnt.
Malerisch hätti sich g'macht die Gruppe, die an ere Reihe

Chlebt a dem Felse; jedoch zume Bild, da bruucht's e Bilüüchtig,
Und die fehlt is total; für's Erst isch halbe na Nacht gsy,
Und dänn ebe dä Himmel; was isch ächt, wott's ua und bess're?
Frageb ich strecke der Erggel i b'Luft, ba fallt mer zur Antwort
Grad uf be Zipfel vum g'nennten Organ en himmlische Tropfe.
So, so, däweg isch g'meint? mirawoll! ich lah mi nüd ärg're.
„Stüßi, genb her! grab z' leib wemmer ietzeb es bitzli sibel sy."
Wurst und Brod und zimli Veltliner am Morgen am Fensi
Ist scho e selteni Sach, und 's wär wahrhaftig es Wunder,
Wenn's nüd hulf; es hilft aber au, emmel mir und em Hauptme.
S' dunkt mich en köstliche Spaß, sich so abz'hunde und z' schinde,
Um dänn schließlich i Nebel und Rege so g'flotschig und g'schlottrig
Ufez'cho, wenn emmel au me nüd öppe vorher wider umchehrt.
„Was umchehre?" so sait da be Hauptme, „ja woll; da wird nüüt
[g'schnupft!
„Ufen ist b' Hauptsach, göngi's wie's well; im Gegetheil bä Weg
„Ist na vill schöner als wenn All's gieng perfekt ame Schnüerli.
„Luegeb, mit bem Bergstyge, da hät's halt so sini Mugge,
„Das verstaht nüb en Jebre, e Chunst ist das, wo mues g'lehrt sy!
„Wenn er wend, imene Lied will ich i devu en Bigriff geh."
„Los bemit!" tönt's vun all Syten, und eusre verehrtisti Hauptme
Staht uf en Stei, und uf's Ysbiel g'stützt, i romantischer Haltig,
Lüüchtende Blicks, mit chräftiger Stimm also beklamiert er:

Intermezzo III.
Das Lied des Hochclubisten.

Das brüstet sich und spreizt sich,
Und sühlt sich — ach herrjeh!
Und man ist simples Mitglied doch
Des guten S. A. C.
Ihr Lehrlinge, so hört mich an,
Bernehmt's, auf daß ihr's wißt,
Gebirgskunst kennt so recht allein
Uns'reins, der Hochclubist.

Bergpoesie, ei guter Freund,
Was meint er, die versteht er?
O weit gefehlt! das Ding beginnt
Erst bei viertausend Meter.
Was drunter liegt, nun 's mag ja sein,
Daß 's auch nicht übel ist;
Jedoch den wahren Jakob kennt
Allein der Hochclubist.

Wenn nichts, rein nichts als Eis und Schnee
Ringsum und todt Gestein,
Dazu bei zehn Grad unter Null
Erklappert das Gebein,
Und Vater Boreas liebend streut
Eispuder in's Gesicht:
Das Freund, ist wahrer Berggenuß —
Doch das verstehst du nicht!

Wenn man an steiler Eiswand klebt,
Vier Stunden Tritte hackt,
Dann rittlings über die Schneide rutscht,
Vom wilden Sturm gepackt;
Wenn unter hängenden Gletschern durch
Man hinhuscht bleich und stumm,
Die Steinschußlinie bebend kreuzt,
Ist das ein Gaudium!

Doch strahlet mir der schönste Stern
Im allerhellsten Glanz,
Wenn es gelingt, daß ich erkämpf'
Mir einen Jungfernkranz.
Welch' himmlisch Glück, der erste Mensch
Auf einem Gipfel steh'n;
Was thut's, kann man vor Nebel auch
Nicht handbreit vor sich seh'n!

Die Aussicht? Unsinn, brauch' ich nicht,
Die zeigt mir mein Dufour;
Glaubt ihr, ich stieg deßwegen 'nauf?
Ei, nicht die blasse Spur!
Der Steinmann ist das edle Ziel,
Deß ich so sehnlich harrte,
Die Flasche, die ich drein versenk'
Mit meiner werthen Karte.

Und steig' ich wieder dann zu Thal,
Könnt ihr die Hochtrophäen,
Daß jeder Thomas gläubig werd',
An meinem Corpus sehen.
In Fetzen die gebrat'ne Haut
Mir hängt von Stirn und Nacken,
Ein rother Zwiebel ist die Nas',
Englisch roastbeef die Backen.

Die Hände seht, vom Gletscherwerk
Wie glorreich sie zerschunden,
Auch Knie und Schienbein sie erglüh'n
In rothen Bergeswunden.
Seht ihr, d a s ist Bergpoesie,
Nicht, daß den Berg man 'nauf geht,
Wohl aber, daß bei dem Geschäft
Bei einem Haar man d'rauf geht.

So üb' ich Hochclubisterei
Bis an mein kühles Grab;
Und sterb' ich einst, o senkt mich dann
Nicht in die Erd' hinab!
Vergönnet mir die Todesruh',
Die ich mir auserkoren,
Begraben nicht, auch nicht verbrannt,
O laßt mich sein g e f r o r e n !

Und wollt ihr nicht, dann Berggeist, du
Mit deinen Mächten walte,
Daß ich mein Leben sanft beschließ'
In einer Gletscherspalte!
Dort werd' ich dann petrifizirt,
Und nach X tausend Jahren
Da komm' ich als errat'scher Block
Vergnügt zu Thal gefahren.

Ruuschede Byfall folget mit Recht dem herrliche Vortrag.
Alles ist fest überzüügt, es hebi da eifach en Irrthum
Vorig uf euserer Syte bistande, wo über das Wetter
Mir eso g'schimpft händ; 's Wetter ist recht, mir einzig händ lätz g'ha.
Wemme recht lueget, so ist ja sogar so es Wetter na schöner
Weder e schön's; denn 's gitt is ä Glegeheit, eusere Clubgeist,
Wenn er an richtige Hochclubgeist au nüb anelanget,
Dur e clubistischi That vollgültig z' dokumentiere.
Au be Herr Giacomo, be so voranne hät allerlei g'mungget,
Wie zum Erempel, e r welli durab, mir solleb ellei gah,
S' seigi en Unsinn, 's welle z' erzwinge bi söttigem Wetter,
Für goge z' flotsche im Gslüber epsindi er gar ke Bidürfniß —
Au be Herr Giacomo sägi, ist ietz wien en umkehrte Häntsche,
Ist nu besür mit Rugg und Buuch; bloß b' Waret z' bikenne,
Weiß i nüb recht, wo b' Ursach lyt ou der Sinnesveränd'rig.
Isch es nu b' Würkig vu's Hauptmes Lied, oder spillt ä be Stützi
Da e chly mit, bä plötzli erchlärt, bas Wetter, es fryni?
Wenn er durchuus partout wennb müsse, was für en Biweggrund
Hebi ber Uusschlag g'geh, so müenb er halt selber go fräge.
Item me bschlüüßt allg'mein mit fröhlichem Herze ber Abmarsch.
Leider häts würkli ä b' Gattig, be Himmel welli bas Opfer
Nüb von is aneh; z' leib well er ietz wider asauge heit're.
Offebar hät überoben en Art Villwiller bisohle:
„Föhne, bu alte Chracher, je wie, nimm gschwind ba be Bese,

„Wüſch mer es bitzli da unne, un 's Gröbſt beet über em Ruche!"
Factum iſch, daß 's eſo g'ſcheht; die ſchifergrau Blache da obe
Hät da und deet wie ag'fange blöde; es ſchimmeret durre
Reime ſo heiteri Flecke, ſie werdeb größer und größer,
Z'letſcht i der Mitti ſe ſönd's a glänze wie Silber und ietzed
Gits wahrhaftig es Loch z'mitzt drin: bedur gſeht men i b' Wyti,
Gſeht in e lüüchteds Blau, das hinder der Blache ſich uusſpannt.
Nüd gnueg a dem, amen Ort i dem Tuech gits plötzli en Hauptſchranz.
Und bedur burren erſchynt recht übermüethig b' Frä Sunne!
Zennet is uus: „Gelleb he! ihr Nähriſchen, er händ mi nüd welle,
Z'leib drum chumm i ietz grab und will i de Buggel verbrenne."
Nu, mir ſchickeb is gſchwind, mer ſind en elaſtiſchi Race,
Sind au es bitzeli gwännt vu der Übig der lobliche Jaßkunſt,
Daß je nach Umſtänd, wie Diſe ſpillt, ſich ſelber men nricht.
Währed ſo all die Bitrachtige gönd, hät euſeri Geſellſcheft,
Meine natürli die ganz, allſyts ſich grüſtet zum Abmarſch.
S' wird eſo ſechſi gſy ſy, oder doch nüd gar ſo vill früehner,
Wo mer i beſtem Humor allſamme das gmüethlichi Plätzli,
Früehſchoppebändli, ſo chönnti me's nennen, au kritiſchen Egge,
Kräftige Schritts verlönd, im alpeclubiſtiſche Gänsmarſch.

Cantus IX.

S' gaht na e ziemlichi Strecki buruus da uf ebe dem Grasband,
Bald e chli ſchmäler und bald e chly breiter; doch wo 's iſt am breit'ſte,
Wär's immerhi zume Tanzplatz z' ſchmal; me chönnt allerhöchſtes
Cavalier seul grabuus chaſiiren, und das na wär Unſinn.
Tänn nimmts 's Bändli uf eis mal es End, u' me gſeht a der Spitze
Vu der Colonne de Stützi, wie bä links ufen e Halbe
Aſtygt, Alles natürli ihm na; und bobe ſo ſtönd mer,
Lueget, was meineb er ächt? he nu ſo es bitzeli abe,
Bloß ſo en Schueh ſibetunſig ufs Kurhuus bunne z' Voraue.
Dunne ſo gſeht me die Stell nu e ſo wie öppen e Schießſchart
J bere gwaltige Glärniſchmuur; by eus iſch e Breſche,
Wo es Armeecorps, wenn's bure wetti, na vorige Platz hett.

S' ist so en eigeni Sach, wemme nüd bra denkt, so uf Ei Mal
Grab anez'cho a so ene Stell, notabene i der Wys,
Daß bi der Gächi vum Weg me de vorletscht Schritt na fast nüüt merkt,
S' chunnt nu de letzscht und uf Ein Tätsch hät me die ganzi Pastete.
Da chamme's merke, wenn's puncto Schwindel by eim e chly gingget.
Glauben ä, b' Füehrer, die nemmed expreß ihri Mannscheft ba use,
— D' Stell lyt nämli nüd ganz am Weg — um s' chönne z' erprobe,
Ob sie vu Trümmlike seid oder nüd, daß s' später dänn wüsseb,
Ob sie die Lüüt usem Grat chönnd laufe lah oder müend hebe.
S' schynt, 's sei 's hütigi Corps bur's Band eweg ordeli g'stächlet;
Mir emmel fallt nüüd uuf; doch allerdings sötti me wüsse,
Was so en Stüßi für sich im Stille möcht' öppe notiert ha.
S' nützt aber nüüt, nu z' grüblen, es wird denk später scho uuscho.
  „Vorwärts!" wird kommandirt; „ihr Herren, iez gahts uf be
                                                [Gletscher!"
Hurtig mer gönd, oder nei! mer rütscheb burab bur es G'röllfeld,
Und nu ist Schnee die Parolen und wird's zwo Stund lang ä blybe.
Vor die Colonne zum Gänsmarsch setzt sich frisch i Bewegig,
Chunnt ber allzyt fürsichtigi Hauptme zu syne Gifährte,
Druckt ene b'Hand ganz g'heimnißvoll, was hät das ächt z' bibüüte?
Trout er nüd recht, will er Abschied neh uf all Fäll vu be Fründe?
Müend nüd erschrecke, 's ist nanig a bem; au hät be Herr Hauptme
Eigetli nüb b' Hand bruckt syne Fründe; er hät ene Öppis
Dry bruckt; sait ne bezue: „Gend Acht iez über de Gletscher,
„Trinkeb mer nu für de Durst kei Schnaps; ba nemmed vu bem ba,
„S' ist das es Mittel, das richtig bruucht, kein Durst i laht uuscho.
„D' Füehrer im Wallis und Grindelwald gönd nie uf en Gletscher
„Ohni das Krastelirir; bas heißt: Dürr Zwetschge zum Nügge!"
Gletschermannen und Nügge! ist das e Gibankeverbindig!
Comisch nimmt si sich uus; aber praktisch isch es halt doch gny.
  S' setzt die Colonnen alsg'mach sich in Marsch, oder besser i
                                                [b' Stampfi,
Denn marschiere se chann me bem Gschäft mit Recht nümme säge.
Früh zwar isch es am Morge, be Schnee sött hart wie Cement sy;

Aber be Schnee, unglych bem Cement, fäht leiber a linbe,
Wemmene sprützt, unb so nues halt bas bitzeli Rege,
Wo = n = is bym Früchschoppe halt schier 's consilium redeundi
(S'geh hätt, tänet sy, nüb obenabe, besür unenufe.
S' ist, um b' Waret z' bikennen, eu eigene G'nuß, bur es Schneeselb
Z'wate; me merkt's aber au bene B'schrybige allen im Clubbuech
Ganz guet a, bä Punkt bä ist schwarz, wenn er na so schön wyß ist.
S' heißt amel bloß, vun zechne zum Byspil bis gegen brüe
Sei men es bitzeli gwatet, me list das, benkt si nüüb Wyters,
Einmel au, wer's nüb kennt, bas herrlichi Schneeselbstampflieb.
Losel wie's tönt im richtige Tert unb richtige Tempo:
Stampf unb chnootsch, unb stampf unb chnootsch, unb stampf immer wyter,
Chnootsch unb stampf, unb chnootsch unb stampf wie be Vormah bir
|vorstampft.
S' chönnti ein, truurig gnueg, schier gar an e Trettmülli g'mane.
Da wäreb Rennthierschlitten am Platz; 's wur's Mänge binutze.
Ober wer weiß, bas neu Jagbg'setz thuet villicht bas Gemsvolk
So tüüf rüehre zu innigem Dank, baß es selber sich hergitt
Zumene Gemspostbienst so über bie ebene Firne.
S' Billet chosti es Bünbeli Heu zume Stock sür im Winter.

Hütt simmer nanig so wyt; boch eu Gemsbock ist eso artig,
Daß er als Repräsentant vu ber Zunst eus sy Reverenz macht.
Denn bas ist ja be Grunb, baß 's plötzli beet vornen en Halt gitt.
S' weiß z'erst Niemert worum; ba gseht me ber Abraham Stüßi
übere büüten an Bächistockgrat, Alls solget ber Richtig,
Gseht benn ä beel, jä was! Ihhastig eu stattliche Gemsbock.
Da gib es Gemschauturne zum Beste, 's ist zwar un es solo,
Aber er benkt: Ein Gemsbock bloß turnt immer na besser,
Als so en ganze Verein ba vun eu zweibeinige Böcke.
Glauben ä würkli, bä Mah hät Recht, will säge bä Gemsbock.
Ganz präcis usem Grat, so baß men en iebri Biwegig
Haarscharf gseht, zeigt er syni Chünst, stellt b' Bei eso z'sämme,
Daß me möcht wette, er müest ime Vierglaschacheli Platz ha.
S' trüllet bä Burscht i ber Stellig si flyßig es Zytli lang umme,

Dänn als Numero zwei des Programms, da zeigt er fy Stygchunft.
S' hät eso Felschöpf beet, ob men Alpeclubist oder Gems ist,
Wemme will ufe, me machts so wyt glych, me bruucht alli Vieri.
Hingege, wie me sie bruucht, seb ist dänn ziemli verschibe.
Euserein chräsmet buruuf mit Chüüchen und Grochsen und Pfnuuchse,
Fueßise bruuchts oder doch senn gnagleti Schueh, und derzue denn
Bergstock, Pickel und Seil; bänn gahts mit Schürgen und Zehre,
Zieh und Stemme, my Seel — es möchti bem Tüüfel drab gruuse.
Ist me dänn bobe, so meint me si, ja! es weiß e-fen Mensch wie;
Später gaht's Brüemsele los im Jahrbuch: vu sebem Chöpfli,
Vu sebem Chämi und Bändli und Grätli und luutere Wändli ....
S' ist ja e Gschicht eso alt wie b' Welt: Das freut ein am Meiste,
Uf Das ist men am Meisten ä stolz, wemmen Oppis häb z'Stand bracht,
Wo me so richtig bitrachtet besür bas chlynsti Talent hät.

    Was macht euṡere Gemsbock beet uf em Bächistockgrätli?
Z'erste so lupft er de Chopf, nimmt 's Augemäß, wo=n=er will durre,
Dänn liecht wie nen Gidanke so flüügt er buruuf bur die Flüehsätz.
Künstlerisch ish es es Bilb, möcht' säge fast, 's ist musikalisch:
Die harmonischi schöni Biwegig, sie chönnt' Ein erinn're
Anenen harpeggierten Akkord vu der Tüüfi zur Höchi.
Ischi dänn bobe, die Gems, so staht sie da eso ruehig,
Grab wie wenn nüüt gsy wär'; 's ist au für sie ebe nüüb gsy.
Sie ist da obe biheim; ihres Thue ist elementarisch.

    Jetzt zum Schluß chunnt Numero brei vu bem Fest, das ist's
                                                                                 [Springe.
Was da dem Bock wol uf Eis Mal ist über's Leberli kroche?
Hät er villicht das Bülverle g'hört umm werthe Herr Hauptme,
Dä syn revolver abschlöpft, wo=n=er sust die Muni mit tobt schüützt,
Ämmel ä schüüße wurd, die en öppe möchteb uf b' Horn neh,
Und hät beby er sich plötzli erinn'ret, me zähl syt de Morge
Scho September be zweit; syt meh als vierezwänzg Stunde
Dörf jebe Lappi und Lump rechtskräftig en wider verchlöpfe?
Factum uf eismal bräglet er los wie ne flachi Rakete,
Hät ohni Füehrer und Seil schräg über be Bächisirn ä' Pech geh.

Zu dere Gems ist ziemli en Sprung bis beet zu dem Lohwind,
Wo = n = is ba nächt i der Hütte so wundervoll amüsirt hät.
Doch be historischi Gang der Erzählig, bä zwingt be Chroniit ieb,
Daß er es Zytli sich mues mit ebe dem Herre bifasse.
S' wird si de Leser erinn're, baß gester z'Nacht unber Aub'rem
Sich de Bitressenbi wichtig hät g'macht, zwar mit eme Wortschwal,
Dä i der Lüfti und Wucht hätt chönnen an Löntschen erinn're,
Mit sym englische Schnaps: ob mir bä z' Züri nüb tenneb?
Das seig Oppis patents, jä so! er süehri nüüb Gring's mit,
Das mües morn usem Gletscher ihm Chuttlen und Margg z'sammehebe!
Richtig so g'sehni bä Mah, so oft er ist in der Coloune
Mir voranne marschiert, allbott i syn Sack innelange,
Und so es Gütterli sasse; bänn nuf mit — a's Muul — und en Schluck
[g'nah.
Denke, wowoll, mag guet sy bä Schnaps, villicht wenn i au hätt,
Nähm i en au; aber g'schyber ist g'schyber, ich nügge my Zwetschge.
Schnaps du brunf zue; wer weiß, 's nimmt balb bi benn Einen am Fechte!
Merked i das, mer chömeb brunf zruck so villicht bänn im Heiweg.
„Chnootsch und stampf und chnootsch und stampf und stampf immer
[wyter."
Immer de glych refrain; doch nei, Gottlob, es wird anderst.
Eismal heißts, der Nächi nah gaht me, be Firen ist guet hütt.
Daß er verstönd de Bisehl, mues g'schwind ich i b' Gegeb ercläre.
S' Firnthal, das mer burschryteb, is bis bahi gsy immer ebe;
Jezed uf euserer Syten, ich meine die Syte vum Ruche,
— Vis-à-vis hämmer de Bächistock gha — da thuet nu be Gletscher
Sich a de Flanke vum Ruchen i ziemlicher Schrägi buruufzieh.
S' Stüzi's Comando: der Nächi nah gaht's, bas heißt bie schief Eb'ni
Wird traversirt, 's ist bas de birectist Weg zume Felse,
Wo me de Gipfelgrat bänn am Besten und Sicherste apackt.
S' trait bä bitressendi Felse de liebliche Name „De Schnapsstei'."
     S'Stampfe, bas hört iez uuf; 's ist härt nu de Boden und hehl gsy.
S' ist ä bigrysli, denn über die Halbe, da rislet de Tag bur
Zahllosi Bächli burab; z' Nacht gfrüürt bänn wider bie ganz G'schicht,

Und so marschiered mer ietz uf nüd vil Bess'rem als Glattys.
Ich hau e paar Mal g'meint, ietz nimmt's bi, du mueſt ba etſchlipfe
(Gfährli wär's nüd grab gſy, aber au nüd en Schleck, ſeb iſt ſicher,
Wemme die zweihundert Schueh be durab uf der ebeni Gletſcher
Entweder ſäßlitrohlt oder g'ſchliffe wär uf ſebem G'wüſſe.
Schürpf, villicht Schlimmers hätt's g'geh, und's Schmerzegeld hätt
[men Eim uuszahlt
Grab aſe baar uf em Ys i der hüüfigſte menſchliche Münzſort:
Schabefreud heißt der Avers, Mißgunſt die hinderi Syte.
Nu 's iſt alſo nüd g'ſcheh; eimal, ſeb glaub' i denn ſicher,
Hätt's mi verwütſcht, wo's en bäumige Schritt eſo über es Bächli
Gulte häb z'mache, wenn nüd myn Vormah, dä, wie = n = i g'merkt ha,
Zimli biheim uſen Gletſcheren iſt, mir fründli hätt' b' Hand g'geh.
Immer der Waret die Ehr, dä Mah iſt eine vu Den' gſy,
Wo die letzt Nacht eus Drei händ welle zur Hütten uus gheie.
Do bin i taub gſy, hani's ä gſait ja i mynner Erzällig,
Jetz bin i froh, das iſt klar, daß ſ' cho ſind, die ſebe Letſchte.
Für be Bitreffendi, wo a der Stell mi hät bhüet' vor em Schlipfe,
Thuen i myn herzliche Dank fyrlichſt anmit z' Protokoll geh.

Später, wo's beſſer iſt cho mit em Weg, ſo ſäg' i denn fryli
Zum Herr Giacomo: „Du, wie iſt bir ä g'gange beet unne
Bi ſeber hehle passage?" „He, prächtig," ſo meint er, „be Stüßzi
Hät is ja Tritt y'ghacket an all bene heiklere Stelle;
Häſch nüd gſeh?" „Ja na gar! kein Bitze!" ſo gib i zur Antwort.
D' Löſig vum Räthſel iſt die: ich han e chly z'vill mi verſuumt g'ha
Byn ſebe Gemsſchauſpiel; by der G'legeheit bin i denn ung'ſinnt
Hindereg'rütſcht an Schwanz der Colonne; die Tritt, wo de Stüßi,
Euſere Füehrer, hät ghackt, die ſind, bis ich cho bi duzſüre,
Vu bene zeh oder zwölf, wo bry händ trampet voranne,
Grünbli allz'ſämme verſchlirpet gſy zume ſulzige Brägel.
Gſeh hanis ſcho ba die Pflärtſch; hingegen als ſtüßiſchi Arbet
Die z' anerchenne, das hätt' i dem Stüßzi ja nie welle z'leid thue.
So iſch mer g'gange; i bärf mi nüd chlage, was hani nüd ufpaßt.

Cantus X.

S' chunnt nu na b' Schlußpartie; vum Gletscher stygt men i b' Felse.

„Giacomo, chumm," hani gsait, „wenb z'sämme das Restli na schlyße!"
Brüeberli hämmer nu theilt 's letzt Glas da vun euserem Café,
Han's wohlwysli bä Morgen i my Feldflasche verjorget!
So guet hät weder ihm na ä mir kein Café na gschmöckt g'ha.
Munter und frisch brüber abe bitreteb mer also bie Felse.
Achtung! heißts da natürli, sust schwirig das isch es grab nüb gsy.
Zwar i ber Ersti ba gitt's z' übersingen es Chaos vu Blöcke,
Die in all Richtigen über und nebet und geg'n enand liggeb;
Aber be Felsen ist rauh und fest; an us schrägere Blöcke
Hastet sicher be Tritt, 's hät das e ganz eigni Biwandtniß.
S' hät's ber erfahreni Blick z' erst g'achtet von euserem Haupime.
Wo mer ba gönb und stönb, bie Felse sind über und über
Mit Petrefacte bebeckt all z'sämme vun allerhand Seethier,
A ust're wie Teller so groß, dänn Fisch, wie soles händ si nusg'seh.
Leiber ist Alles vu Stei, sust chönnt men en prächtige Z'nüüni
Sich da verschaffe. „Wie schab" so säg ich zu myne Gifährte,
„S' wäreb ietz grab beib Arte vertrete vun Meeresbiwoh'nrr."
„Wie, beib Arte, was talmist du ba, es git ja unzählig."
Also trümpst me mi ab; aber ich, ich laß mi nüb störe.
„S' ist halt doch eso" sägi, „ich blybe by myne zwo Arte."
„Nu so was sinds benn?" frageb sie wilb; ich säge ganz ruehig:
„Hä! — bie, wo men en Rothen und bie, wo me Wyße bezue trinkt."
Und e homerisches G'lächter erschallt, daß b' Felse brab gnappeb.
Die zwo Arte, bie chönnteb's is grab; benn ussert ber Chrusle
Volle Veltliner —, hätt schier öppis gsait, wo emale ist voll gsy
Ebe vu bem —, da hämmer na by = n = is en anberi Sorte.
Morgeroths Sybepapier ist zwar bie üsseri Hülsche;
Aber bänn, tangget me b' Gutteren uus, so ethalt sie en Wyße,
Herrliberger, so sait men em öppen; i benk', er verstönb mi.

Hätt zwar eigetli nüüt solle säge bis ganz z' oberst obe;
Aber 's ist au wiber glych; benn 's mag sie ja nümme verlybe,
Was mer na z' stnge händ ietz us em Grat bis use zum Gipfel.

Das heißt, ja es ist wahr, nu en Chatzesprung isch na bis ufe;
Aber nie nues z'weg sy, ebe grad wie ne Chatz usem Dachfirst.
Nämli genire, das darf's Ein nüd, so e chly nebet abe
Z' luege is Chlönthal, währed me stygt be duruuf uf em Felsgrat.
Grad b' Seerüti die hät me zun Füßen; e netti Etfernig
Zsich es burab, 's gäb en artige Gump i säb Fetzli vum Chlönsee,
Wo me bernebet na gsehst; doch ietz isch is nauig um Bade,
Uusg'nah 's Gurgelebad, säb nemmed mer bänn uf em Ruche.
 So, ietz hätt's bi, verehrtiste Ruche; ietz bin i na höcher
Anberhalb Meter und zimli a Münz weder du, gell es furt bi!
Häsch nie denkt, bä Chrusli da unne, wo b' all Tag e paar mal,
Wenn b'emmel nüd grad es Dampfbad nimmst, baß b'nümme chast luege.
Gsehst über b' Münsterbrugg nach em bureau gah ober retour,
Wer emal uverschant gnueg und wurd' ber be Buggel uuschräsme!
Aber ietz muest bra glauben; ietz schick bi bry, mach mit mer Fründschest,
Zeig mer ietz recht, wie schön baß b' bist, weisch, 's lyt i bym Vortheil;
Denn uf be Tupf, grad wie du dich zeigst, so wirst denn ä b'schribe.
S' cha ber doch nüd glych sy, was me denki vu bir i bym Züri.
Ja i bym Züri, so sägi, i weiß scho, baß es der lieb ist,
Lieber fast als bys Glaris; denn ens, eus zeigist b' **Façade**
Vu bym Palast, und b' Glarner biheim, die gsehnd nu en Erggel.
 So hani ungf'ähr g'rebt zu bem Burst, und bä ba ist gschyb gnueg,
Daß er syn Vortel bigryst, he natürli, er ist ja en **Glarner!**
Also er säht si a rüste; mir benked, mer wenb e lah mache,
Bis baß er fertig ist, wemmer is ietz bym Zuüüni la wohl sy.
 Gruppewys lag'ret me sich so biquem, als 's b' Gegeb erlaubt häb,
Macht sich es bitzeli y, denn me schwitzt, und wenn 's ä nüd windet,
So e chly Zug wie bigrysti isch immer uf berige Bergli.
„Abraham Schießer!" ergaht be Bisehl, „genb Trockes und Nasses!"
S' gwönli menu, er kenneb's bireits, us Ranze und Chrusle
Macht is uss Reu b' Reverenz und byßt si ä ba wider use.
Dänn aber eusere Hauptmeu, er spillt zum Schluß na be Buur uns,
Ebe die morgerothsybepapierumhülscheti Guttre.
Unbarmherzig er zieht' ren eweg ihres Dominokostüm,

Und es erschynt iine silberne Chragen und silbernem Chopfpuz,
Drunder e meergrüen's G'wand, e bigehrti französischi Wittfrau
O was ist doch de Herr Cliquot selig en glückliche Mah gsy,
Wo = u = er so für sich ellei syni künftigi Wittib hät b'sesse!
Hütstags mues ihri Gunst sie ja theilen i tusig und tusig
Atheil, denna isch wahr, es chann na en iedere Freier,
Bald er recht Ernst häb, vollkomme selig doch bynere werbe.
Mir we n b Ernst ha, und will is bikannt ist, daß da die Wittfrau
Eim am wärmste git ase recht chalt, so wird si is Ys gstellt.
Müend ja, 's ist chummli für eus, nüb wyt nach em Yscheller springe;
S' heißt nu der Arm uusg'streckt und b' Sach ist sofort i der Ornig.

Nach eme Wyli so nimmt me dä Schatz, laßt chlöpfen und springe
Und es serviert mit himmlischer Grazien euse Herr Hauptme,
Dä ba i neuer, olympischer G'stalt als Hebe iezt amtet,
Imen leiber unwürbige G'säß, eme leberne Becher,
Eus das herrlichi Naß; wie chrüselet's, chüelet's und süüret's!
Wie so ganz anderst als dunnen im Thal, wo me gwöhnli na Most trinkt,
Wemme scho z' vill vu den andere hät, g'schmöckt eim so es Tröpfli
Da i der Höchi, da chunnt ä de Wy zur richtige Geltig.
S' schynt aber au er merk's, dä Gang chömmt's nüb eso use,
Daß er nu müesi be Sündebock machen und ganz ellei z' schuld sy,
Wenn hinnedry seb Büsi erschynt; drum thüeg er sich Müeh geh,
Syni Verdienst im herrlichste Glanz vor eus z' parabiere.
Isch em ächt grathen? es Lied, etsprungen us schöner Erinn'rig
A die seb Guttere, geb' uf die Frag' i e büntlichi Antwort.

Intermezzo IV.
Champagner-Lied.

Hurrahoch! der letzte Eisthurm fiel,
 Die schimmernde Burg ist genommen;
Über Felsen und Firn das erhabene Ziel
 Es ist erstritten, erklommen!

Doch weh! es schwand die schwellende Kraft,
Die Sehnen erlahmt, die Muskeln erschlafft,
    Hin sinken erschöpft die Krieger —
    Wir sind geschlagene Sieger!

Geschlagen? o nein! und abermal nein!
    Wir müssen noch nicht verzweifeln!
Hier dies Elixir — schenkt ein! schenkt ein!
    Bringt Schmach allen Bergesteufeln!
Laßt's rinnen frei durch die Adern dahin,
Und die schwarzen Gesellen, sie müssen entflieh'n;
    Es führen die zaub'rischen Säfte
    Zurück die entschwundenen Kräfte.

Ich grüß' dich o Schaumtrank, golden und hell,
    Mit den sprudelnden, perlenden Fluthen!
Wie deine Kobolde so wunderschnell
    Erwecken erstorbene Gluthen!
Das heizt und kühlt, das prickelt und juckt,
Elektrisches Feuer uns jach durchzuckt,
    Und schneller als ich's kann melden,
    Wir fühlen uns wieder wie Helden!

Du sprühender Sekt, wie so anders hier,
    Erscheinst du als drunten im Thale!
Dort wirst du entweiht, zu reizen die Gier
    Der Schwelger am üppigen Mahle;
Hier übst du ein Amt, so sabbathrein,
Du viel mißbrauchter Champagnerwein;
    Hier mitten im eisigen Meere
    Hier ist das Feld deiner Ehre!

Wie der Geist der Firnen erscheinst du mir,
    Wann beschaulich ich dich genieße:
Halt! — wenn den Kutten zum Trotz hinfür
    Firnwein der Clubist dich hieße?

Es sei! komm Firnewein, noch einen Zug,
Und noch diesen letzten — nun sei's genug;
Genug bis zum nächsten Male —
Für heut' wir fahren zu Thale!

———

Cantus XI.

So ietz wär's a der Zyt e chli z' luegen, ob euscre Glärnisch
Allesals mit syn Grust ietz fertig und öppe parat wär,
Eus im günstigste Liecht syni Schätz der Reihe nah z' zeige.
Richtig erchennt, uer chömmed grab recht, b' Vorstellig will agah.

Ruche, du häsch gwüß denkt, es hebi hütt Kenner da obe,
Chünstlernature, die Öppis verstöndeb ou Farbeneffekte,
Vum dramatische Lebe der wandlebe Liechter und Schatte;
Drum dym hütige B'suech zeigst du ganz öppis apartis.
Weder en allsyts sunnebiglänzts monotons Panorama,
Na ä vill weniger eis in Regemantelverhüllig;
Zeigst is besür, was Alles Pikantes e G'witterbilüüchtig
Mache cha, wemme sie flott dirigiert i be Wulkecoulisse.
S' schynt mer, de hebist fürwahr en Theatermeister am Bändel,
Der die szenische Mittel verstaht und j' meisterhaft handhabt.
Höchst wahrschynli se häst em ä gsait, hüt mües er nüd huuse,
Därf sogar mit bengalische Flammen es bitzeli güübe.
Ja bengalischi Flammen, i will's bänn später biwyse.
Lönd mi ietz b'richte, was Alls mer händ g'seh da von euserem
[Spehrsitz.

Händ nu kei Angst, es fallt mer nüd y, en unendlis Register
Jetz obenaben i z' lyre ou Näme ou Hörner und Gräte,
Piz, und Kulmen und Stöck; so öppis händ er nüd z' fürche!
Male se möchti wenn's g'rath; nüd aber an Robel uuischrybe.
Also geub Acht: scho hani la merken, i Farbeneffekte
Und piquanter Bilüüchtig hät b' Landschaft hüt welle glänze.
S' heißt, bä Chünstler seigi de best, wo mit eisache Mittle

Chönni die größten Effekt usebringe: so Eine henb mir gha.
Bloß mit vier Elemente, mit Füür, Luft, Wasser und Erde,
Hät er es Bild, nei hät er e Reihe vu herrliche Bild're
(Eis uns ander is gmalt, ime selber sich g'schaffene Wettstryt.

 Lueged zum Byspil links vor is zue in stahlblauem Schatte
Starret en trotzige Fels; dernebet 's **Brenelisgärtli**
Blitzt wie Silber im schärfste Contrast; seh Vreneli, säg' au,
Häst öppe b' Sunnete hüt? nu dänn alle Respekt! da bys Wäärli
Gsieht denn es Nümmerli wyßer uus als wemme biheimi
Die sebe Sunnete gsieht, wo de **Zwingliplatz** bemit Staat macht!
Aber was ist ietz ä das, säg Vreneli, hät de Verglych bi
Öppe vertäubt, baß b'ietz ba dü Scharbet vu Nebel vor's Gsicht nimmst?
Hä nu so schalt de Gottsnamen e bitzli; i chumme dänn wieder,
Säge der Oppis, wo d' lieber g'hörst; dänn magst wiber lache.

 Underdeß lueged mer ietz beet burren an **Bächistockgletscher**.
Wie dä so stolz und ruehig i sanfter Wölbig burabflüüßt!
Schön gbettet zwüsched dem Grat, wo die Gems bra hät turnet,
Und uf der andere Syte bem stolzige Bächistock selber.
Wie me ne z' Züri scho gsieht, der Festig en trotzige Eggthurn,
Staht er is da vor em Aug, so stolz als wett er is säge:
Wenn er uf der Citadelle dänn öppe de Fahne wend nufzieh,
Bringed e mir, denn ich bi de **Höchst**, mir chunnt so en Ehr zue!

 Großvater Tödi, wo steckst au du? so, machst na es Schläfli?
Drum häst beckt übers G'sicht bir beet seb wyßnybi Foulard!
Ganz guet g'seht me di schnuufe bebur; das Tüchli biwegt si
Usen und aben und hin und her; ietzt rütscht scho en Zipfel
Ganz be burab, myn Alte gib Acht, sust gly bist dänn abbeckt!

 Wemmer ächt wieder go luege, was eusers Vreneli machi? -
Gsehnd er, es gügglet scho füre so heimli beet underem Scharbet!
Gend ietz Acht! mer sägeb em Eis, dänn wird's wieder fründli.
Vreneli los, i ha vorig die Sach nüd richtig erchennt g'ha,
Was eso wyß da glänzt, hä Vreneli, du bisch's ja selber,
S' ist ja bys Hemperbrüstli, bys wyß, und was e so glitzret,
Göllerchetteli sinds, he natürli, massivi vu Silber!

So, so, gfallt der ietz das? nu furt, so isch recht, mit em Scharbet!
So, ietz g'schmer di wider wie b' bist, du liebi, du schöni!
Gsehst, na so gern mer wäreb ja hütt der es Bfüechli cho mache,
Extra hämmer e Fläsche vum Beste in anderе Sack tha,
Hänb sie by dir welle trinke, doch leider so hät's es halt nüb g'geh.
Dummerwys hämmer dem Wetter nüb trout, ietz hätteb mer's troffe.
Nu, nu, es gits dänn en anders Mal, chast sicher druuf rechne.
  Aber wo sind ä die Farbe, so frägeb er, wo = n = ich i gsait ha?
Also so chömmeb nub lueget beet bure, wo über die Silbre
Alli die Alpe, wo ghöreb be frye Landslyt vun Üri
übere luegeb und ietz gemmer Acht, was ich i da gsait ha
Bu so bengalischem Füür, ob's nüb beet ännen ietz wahr wird!
Deet wo me gfäch's Maberanerthal, stah nämli es Gwitter;
S' balleb sich mächtigi Wulke, in ununterbrochner Biwegig
Wälzeb fi, dreheb fi, bläheb fie sich; die große verschlingeb
Girig die chlyne, doch gseht men ä chlyni die große verrytze.
Sytwärts b' Sunne, bald voll usem Blaue, bald halbe verschleiert,
Zündt i dem wogebe Meer vun all dene Dünsten es Füürwerch,
Sprüheb im herrlichste Farbespiel, a, und Wulken und Landschaft,
Ganz speciell da die saftige Weiden im Urnerbiet ännе,
Helfeb enand, die schönsten Effekt vun Farben erzüüge.
Da ist e mächtigi Wulkepartie: i der volle Bilüüchtig
Prangt sie i Silber und Gold; wo sytwärts b' Strahle sie streifeb,
Da spileb rothi und gäli Tön ine b'ständige Wechsel;
D' Schattepartie variirt vum Grauen is dunkelste Blauschwarz.
Drunder de Berg, ganz ufe bibeckt mit saftige Matte,
Wo ne be voll Schlagschatte der Wulk trifft, imene tüüfe
Meergrün zeigt er sich da; nebebzue, wo b' Sunne mag durre,
Güßt si en mächtige Strom vume blenbebe Liecht über b' Gegeb,
Und die erglänzt, benn füecht ist b' Luft, vollg'soge vu Dünste,
Imene lüüchtebe golbige Grüen; dänn wieder beruebet
Bunere Wulk füürroth be Reßer färbt Alles mit Purpur;
Felsen und Matte sind taucht in e rothgolbflammebis Gluethmeer.
Denkeb i ietz bas All's in ununterbrochner Biwegig,

Also daß roth ist ietz ä Partie, die vorig ist grüen gsy,
Golbig erglänzt, was chuum na ist glegen in Indigoschatte,
Und er verstönd nu dä ärmli Verglych bengalischi Flamme. —
Thüend mer is Himmlischi halt das irdischi Bild übersetze.
Um 's dramatischi Lebe na z' steig're vu bere Bilüüchtig,
Flüügeb allbott Nebelsetze vum Bächistock her vor is durre,
Die as en Florvorhang vu der himmlische Bühne fungiered.
Ime Moment sie chömed und gönd, b' Maschiniste da obe
Händ aber jedes Mal doch Zyt g'ha für e neui Verwandlig.

    Jetz ganze Wendung, kehrt! müend doch au emal e chly luege,
Wie's uf der andere Syte buruus und burab öppen uusgsech.
S' Chlönthal da unne, dä lieb Herzchäfer, zieht z' allererste
D' Blick zu sich abe; zwar nüd vil gseht me, der unberste Zipfel
Bloß na vum See, b' Seerüti beby; 's ist aber doch gnueg gsy,
Daß me verliebe sich mues i das Bild; syn b'sundere Reiz bänu
Lyt i dem nüd ganz hüüfigen Umstand, daß es bis abe
Bloß so en Schueh achttuusigi sind, myni Herre, just nüüt meh.
Wer emal beet gsy ist, kennt be seb Puck, façon Zigerstöckli,
Dä wie e Schanz b' Seerüti biherrscht, und schynt überzoge,
Wie z' ringelum au b' Waide, mit saftgrüenfarbigem Sammet.
Jetzt, wenn b' Sunn so recht voll bruuf schynt, da glänzt's unnenuse
Wie nen Smaragd, und mit eme Füür, als ob nüd vu usse,
Nei vume lüüchteden innere Kern herrüehrti dä Liechtglanz.
Plötzlich leider e mürrischi Wulk stellt breit si vor b' Sunne,
Und dä Smaragd versinkt im e Meer vu schwarzblaue Schatte.
Weg die Wulk, und wider so taucht er epor us der Tüüfi.
So gaht's Spiel immer furt; bis z' letschte so meint me wahrhaftig,
— Und 's überlauft ein chalt — b' Seerüti da unne sie schwebi
Frei i der Luft, buruuf und burab, wie=n=e flüügebi Insel .....
Furt vu bem Spuk, sust packt is de Schwindel, dä tückischi Satan,
Z'letscht na am Chragen, und das ist en Herr, dä laht si nüd soppe.

    Jetz be buruus emal g'lueget i b' Wyti, ba isches verschide.
Hell ist be Blick gege Weste; e Perspektivi unendli,
S' hätti e Freud bra en Claude Lorrain, eröffnet dem Blick sich.

Abg'stuft mild harmonisch i duftige grüenblaue Töne
Ziehnd sich die Berg vum Mittelgrund a, nüd schroff, aber düütli
Vun enand gschiben i Gruppen und Chette, durusen i b' Ferni,
Bis sie dänn am Horizont verschwümmed in Eis mit em Luftmeer.
Gege de Norde da isch e chly timber vu föhnige Dünste.
D' Ferni die schwümmt ime silberne Nebel; nu schwachi Contoure
Mag me erchenne, verborgen im Dunst lyt euseres Züri.
Herzli bibuuret vum Einte, villicht uustöglet vum Andre
Werdeb mer ietz natürli biheim; beet glaubeb s' nüüd anders,
Als mir gscheb da obe nüd Schritt und Tritt vor is anne.
Ja, so cha me si tüüschen, es ist drum wichtig im Lebe,
Daß men allzyt alli Ding vu der richtige Höchi bitrachti.

So uf all Syte, ba treteb dem Aug', wohi me's nu richtet,
Ernst bald und majestätisch, ibillisch wieder und liebli,
Stimmungsbilder etgege; die Yndrück alli sie strömeb
Unwiderstehlich, e mächtigi Flut, i die offene Herze.
Wenig wird gred't; higrissen en Jeden, i stummer Biwund'rig
Sitzt er verloren und schlürft mit durstige Blicke die Bilber.
D' Würkig, die ist vill z' groß vum ganze giwaltige Schauspiel,
Als daß Wort im Moment sich fändeb, um würdig sie z' schilbre.
Und doch thät me's so gern; es trybt und brängt ja im Herze,
So wie be Fruehlig im Herz der Natur, möcht Luft sich verschaffe,
Voll nz'stimmen in b' Allharmonie der göttliche Schöpfig.
Soll, was bo nüb hät chönne sich. G'stalt in Worte verschaffe,
Jetzt im Lied sich ergüüße? Er meineb, es chömm' e chly wol spat;
Aber was sind die reinsten und sind die frischiste Quelle?
Sind 's nüb die, die am tüüffte verborgen im Herz vu be Berge
Reinigeb sich und chueleb, bis dänn, wänn's voll a der Zyt ist,
Füre sie brecheb, en mächtige Strahl vu schimmernde Perle?
. . . .
Sei's drum, wenb sie lah springe die Quell, ihr chönnb dänn ent=
          scheibe:
Isch es en Wasserfall, isch en Hybrant, oder isch es en Syphon.

Intermezzo V.
Auf dem Hochgipfel.

Ich stand so oft, den Blick emporgewandt
   Dorthin, wo in den klaren Himmelslüften
So einsam liegt ein stilles Wunderland.
   Mich zog's empor aus diesen Modergrüften,
Aus der Alltagswelt ödem Wüstensand;
   Hinan! hinan! in jenen sel'gen Triften
Will ich die Seele baden frisch und helle
In wahren Lebens ewig lauterm Quelle.

Und der Gedanke ward lebend'ge That.
   Nicht schreckten mich, es reizten die Gefahren,
Die da bewachen jenen Sonnenpfad,
   Ihn vor der frechen Rotte zu bewahren.
Mit Kraft gerüstet und mit kühnem Rath
   Erfahrener, die mir Begleiter waren,
Gelang es mir, in treuer Arbeit Ringen
Das Ungemach des Pfades zu bezwingen.

Nun steh' ich an der heißen Wünsche Ziel,
   Und schau' die Wunder, die auf allen Seiten
In reichsten Wechsels lebensvollem Spiel
   All' um mich her sich unermeßlich breiten.
Noch faß' ich's nicht, des hohen Glücks Zuviel,
   Es ringt die bange Brust, sich zu erweitern,
Daß Alles, Alles bergend sie umfange,
Was auf sie einstürmt mit urmächt'gem Drange.

Ringsum welch' sabbatheilig tiefes Schweigen,
   Kein Ton hieher bringt der geschäft'gen Welt;
Auf leisem Fittig von den Bergen steigen
   Gebete auf zum klaren Himmelszelt.

Dort zieh'n die Sterne ihren alten Reigen
  Unsichtbar hin im Raume lichterhellt.
Und jetzt, o Wunder! deutlich kann ich hören
  So tief und klar den Lobgesang der Sphären.

Vor meinem Aug' in seltsam weißem Scheine
  Lichtnebel wallen her und wallen hin;
Da ist's, als ob zum Kerne sich vereine,
  Was eben noch dort zu zerfließen schien.
Es wächst und wächst in fleckenloser Reine,
  Ich steh' gebannt, nicht kann der Blick entflieh'n,
Und scheut sich doch, in ehrfurchtsvollem Grauen,
Das Bild, das sich enthüllen will, zu schauen.

Da leise, leise hör' ich es erklingen:
  Ich nahe dir, mein Sohn, nun fasse Muth!
Ich seh' den Kern, den leuchtenden, zerspringen,
  Es wallet her des Lichtes volle Fluth.
Und sieh', ein Engelbild auf weißen Schwingen
  Mir schwebt entgegen; stärkend milde Gluth
Erfüllt mein banges Herz; es will es wagen,
Den ungeheuren Anblick zu ertragen.

Und die Erscheinung freundlich spricht: Mein Sohn,
  Ich kenne dich und kenn' dein heiß Verlangen,
Mit dem so treu die langen Jahre schon
  Du meinen Spuren sehnend nachgegangen.
Nun sollst du deiner Arbeit süßen Lohn
  Und deiner Treue Dankessold empfangen.
Kennst du mich nicht? erhebe deinen Blick,
Schau' in mir deines Lebens höchstes Glück!

Ich that erbebend, was die Hehre hieß;
  Und hub die Wimper: da erkannt' ich sie!
Die Tochter aus dem fernen Paradies,
  Die mir so oft schon Seligkeit verlieh;

Die hehre Göttin, die mich nie verstieß
 In meines Lebens Noth; ich sank in's Knie,
Und stammelt': Du, du bist's, mein Ideal,
 Du treuste Freundin mir im Erdenthal!

Ich weiß, so fuhr die Göttin lächelnd fort,
 Du bist unwandelbar mir treu ergeben,
Und drum erschien ich dir an diesem Ort,
 Zu weihen neu dein mir geweihtes Leben.
Du ahntest wohl, daß einen reichen Hort
 Es gab in diesen Höh'n für dich zu heben.
So nimm ihn denn! erkenn' in Sonnenklarheit,
Nur in der Höhe wohnt die ew'ge Wahrheit.

Dein innerst Sein und Fühlen weist empor;
 Ein nie gestilltes Sehnen und Verlangen
Quillt ewig dir aus tiefster Brust hervor,
 Des wahren Lichtes Fülle zu empfangen.
Vom vollen Glanz dich trennt des Todes Thor,
 Kein Sterblicher kann an das Ziel gelangen.
Doch wenn du ringst beharrlich dich zur Höhe,
Wirst du gelangen in des Lichtes Nähe.

Fühlst du es nicht durch deine Adern rinnen
 Mit heil'ger Gluth, und möchtest du nicht sinken
Der Schöpfung an die Brust mit heißem Minnen,
 Und schmachtend ihre glüh'nden Küsse trinken?
Siehst du nicht jene kalten Eiseszinnen
 Verständnißinnig dir entgegen blinken,
Als sprächen sie: Ob's dir verborgen bliebe,
Wir wissen's längst: Die Schöpfung ist die Liebe!

Das ist des Weltenmeisters Lichtgedanken,
 Dem, hör', das Universum einst entsprang.
So nimm ihn mit! in deines Lebens Schranken
 Er töne dir wie ewiger Gesang!

Und will im Kampf der feste Glaube wanken,
Und drohet deinem Frieden Untergang,
So flieh' empor aus dumpfen Thalesgründen
Zu lichten Höh'n, du wirst sie wiederfinden.

Cantus XII.

Lueged mer iez an wieder emal na der andere G'sellschaft.
Euseri Gfährte, die sitzed da obe wie mir so recht gmüethli,
Lüüter villicht so e chly, doch lang nüd wie i der Hütte.
Nametli fallt's sofort uuf: dä gestrigi Schnörreprofesser
Macht e len Mur; was ist nu ächt d e m über's Leberli kroche?
S' findt die gihobeni Glärnischstimmig der andere Gsellschaft
Zmeue Lied ihre höchst Uusdruck: „he! stille centumnne!"
Wird commandiert, „da eusere Balz singt 's Großvaterliebli!"
S' singt nu dä glych alt Chrüsi, wo gester de Hund imitirt hät,
Jrged en uralt's Schölmeliebli, und sy Camerabscheft,
Z' lesen ist's uf ihre strahlede Miene, hät bäumigi Freud bra.
Mir, i mues leider bikenne, vermuethli us Zürcherblasirtheit
Sind zwar stille per se, doch loseb mer glaubi nüd gar z' vill.
— D' Glärnischstimmig, er g'sehnd's, hät Öppis vumene Proteus.
Alles hät z' letschten es End; ä bi eus heißt's wiederum uufprotzt!
Zwar z' pressiere, das bruuchted mer nüd, Zyt hämmer zum Günde,
Aber es fäht nach und nach a warme, de Gletscher a linde,
Und dänn ist na en andere Grund. Wer häts nüd erfahre,
Daß by der schönste Musik, oder au bym ergryfebste Drama,
Doch er sich sehnt nach em Schluß, wil dänn erst, wänn er das Kunstwerk
Chann überblicken als Ganzes, es recht ihm chunnt zum Biwußtsy,
Oder au, wil er sich sehnt, sys Herz uusz'schütte de Fründe,
Die, die er liebt, theilhaftig z' mache des eig'ne Ginusses?
So isch bi eus, ganz glych. Schön, wunderschön isch ja da obe,
Aber erst dunne, wänn zu syne Lüüten en Jedren ist hei cho,

Und 'ne cha sage, wie schön 's ist gsy, erst dänn cha, das weiß er,
Er so recht schwelgen im Glück, und recht syner That sich erfreue.
　Also me bricht wider uuf, villicht eso gege de Nüüne.
Churz bloß underem Gipfel de Grat me vertuuscht mit em Gletscher.
Grad recht yg'weikt hämmer bä g'funde; er ist nümme hehl gsy,
Und men ist doch ä nüb z' tüüf yg'funken in sulzige Firnschnee.
Munter marschiert me drauf los, Ei Vorschrift bloß die wird uustheilt,
S' ist: mit de Ferse recht ferm yz'hacke, dänn chönn me nüb schlipfe.
Zinili uf eigeni Fuust, im Gfühl, 's Gröbst hämmer ietz hind'ris,
S' Folgebi ist nu en Jur, kutschirt so für sich da en Jede.
S' ist emmel eus e ken Sinn bra cho, grad vil berna z' frage,
Wo ä de Füehrer stecki, sy Hülf, Gottlob, ist nüb nöthig.
Bloß emal, wo:n:i es Zytli bä Stüßi ä gar nümme g'sehne,
Frag i be Giacomo: „Säg, weischt nüb, wo steckt ä de Füehrer?
Bruuche se thüemer e nüb, aber öppedie sött me benn doch au
Gseh wo:n:er ist." „Häst Recht, das ganz Glych han i grab au benkt,"
Sait er, „i weiß eso wenig wie bu, wo bä Schluff mag stecke.
Weiß es ächt öppe be Hauptme beet vorne, mer wend e go frage."
　Wie:n:er bas sait, so gsehmer uf eimal be selbige Hauptme
Sich gegen eus umchehren, und winke mit Chopf und mit Ärme.
„Was ist ä das für es Gfäch?" so sägeb mer, „wenb goge luege."
Hübüh was gist, was häst, mir schnehneb burab bur be Gletscher,
Chömmeb zum Hauptmen im Schwick, — jä aber, was gaht denn au
　　　　　　　　　　　　　　　　　　　　　　　　[ba vor?
Meine bigost, ba by eusserem Fründ burghölzlet's e bißli?
D' Baggen ab laufeb em b' Thräne, bie Auge, bie hänb nu so g'lüürlet,
D' Gsicht, gurriroth, zum Lache verzieht er's bis hind'ren a b' Ohre.
Und es erschütt' en au mächtig an Eim furt bu innen use.
S' gnappet be Chopf, y chrümbt si be Lyb, b' Hänb presseb be Ranze.
Doch kein Ton cha de Weg si erzwinge bur b' Kehle bie längst Zyt.
Enbli gits Luft unb 's chnellt, ja 's chnellt, wie wenn mit eme Stecke
Chräftig me schlieg uf en eichene Tisch, 's chunnt vor a Commerse.
Enbli so chann er mit Noth bie Wort useworge: „beet vorne!"
Mir uf ber Stell mit ben Auge mer folgeb bem Hauptmescommando.

Und nu ist b' Reihen an eus mit Bucken, und G'nappen und Ghnelle.
Jsch es ä mügli, pot biefen und jene, wahrhaftig es ist en!
Wer denn ä? frägeb er mich, he so lönd mi nu z' erste verschnunfe!
So, iet befferets — also beet vorne, ganz vorne, be Stüßi ....
Stüßi? wird goppel nüd fy! — he fo lömmi doch reben, ihr Pütschi!
Eufere Stüßi, der Abraham Stüßi, wo mir engagiert händ,
Wen ächt füehrt er am Arm, wie öppe so z' Züri biheime
Einen en Fründ heithuet, dem b' Bei find unber enand cho
Amene Suufermahl? dä Schnörrewagner vu gester,
Und dä englischi Schnapfer vu hütt; dä hät nu fys Theili!
Hätt dä fyn englische Schnaps, astatt en i b' Gurgele schütte,
Lieber i b' Chnüü y g'rieben und öppe en Theil na i b' Herzgrueb!
S' wär em villicht dänn nüd eso g'gangen, er hätti nüd müese
Afen es Zwangsaliche go machen und andre Touriste
Mir nüüt bir nüüt ohni fie z' fräge be Füehrer ewegneh.
Hätt's dänn nüb müese lybe, baß wie mit yserne Chlamm're
S' Stüßi's Fuust ihn packti am Arm, baß nebet em zuegieng
Eusere Stüßi mit Heben und Stüße, mit Zehren und Schürge!
Lueged dä Mah, wie=n=er Als laht lampe, wie tunch er ist worde!
Wie=n=er ä grigget und hülpet burab, gwüß b'babet in Angstschweiß!
Nu nu, mer lönd en ieß gah, dä Sünder, es wird ja wol balb g'scheh,
Daß er in anderer G'stalt sich wieber laht photographire.

Wyter ist nüb vill z' fäge für ieß ba vun euferem Abstieg.
Eis bloß, eusere Hauptmue, dä ist nüb i sym Element gsy.
Bill z' zahm ist em dä Gletscher, uf kei Wys hät's welle g'rathe,
Daß er sym stumede Gsolg chönn zeige sy Hochclubistturnkunst.
Eimal zum Byspiel will dä guet Fründ mir e Stund geh im Schlitte.
Nämli i han em erzählt, wie grab vor acht Tagen am Muttri,
Wo=n=ich ba schlitte heb' welle burab so en Lauenefchneebläß,
— Dä allerdings wohl härt und au e chli z' gäch mögi gsy, —
Mich's umg'schlage heb' ganz erbärmli, so baß mit em Füehrer,
Dä unnebra mer heb' paßt, und, wo=n=ich so halbe betwäris
Z' furre cho sei, uufg'fange mich hebi mit g'waltigen Arme,
Ich heb' es Lumpefueber e feins gmacht; 's heb Alli Beebi

Ra chly is Gröll inne g'nah; zum Glück seis gnädig abg'losse,
Bloß e paar Schürpf heb' i gha an Hände, dem Füehrer heb's nüüt tha.
„Gsehst," so sait mer de Hauptme, wo-n-ich mit der Bschrybig ha g'länder,
„Gsehst, das macht me halt so: so stützt me si fest uf be Pickel,
Grad i der Höchi da hebt me b' Händ, so stellt me de recht Fueß,
Dä weg be link, und 's Körpergwicht muescht so i der G'walt ha,
Daß es zu Beidem dient, zum Agch wie ä zum Bremse.
Lueg iez emal und gimmer recht Acht; also me machts däweg":
Und nu stellt er sich annen i sein academischem actus;
S' lüüchtet em 's Aug, jede Muskel ist gspannt, hoch bläht si be Brust-
[schorb.
Jez, iez fahrt er durab — aber ohä! öppe vier Schritt wyt
Hät's es mit Noth möge g'geh; er, nüb suul, nimmt nu en Alauf
Zumene zweite Versuech; wenn's iez nu nüb öppe gar z'vill b'schützt!
Aber vergebeni Angst, zwee Schritt hät's b'schossen, uf sechs Schritt
Bringt er's i dem Mal; iez häb er gnueg: „'s ist nüüt mit dem Gletscher!
Vil z' zahm!" sait er; mir lacheb i b' Fuust: wol! gschechi nüüt Bösers!

Doch de clubistischi Drang vum Hauptmen er laht em e kei Ruch.
„Ach wie laufed ihr blöd," so rüest er, „trampet doch fester!
Stachled recht y mit be Ferse, da heißt's, je strammer, je besser!
Gsehnd er eso! ich will wenn er wend, dur be Gletscher ab tanze!"
Richtig, eb mir nu händ Zyt. Dsprach z' thue gege das Wagniß,
Ist er ä scho z' mitzt drin und cavalier seul dur de Gletscher
Flott chassirt er durab, schnellt eis Bei um's ander i b' Höchi,
S' gaht em so liecht, wie wenn Pantofflen er traiti statt Bergschueh.

Nach und nach ganz ung'sinnet mer chömmeb bethi, wo de Gletscher
Gwönli bitrete wird und ä verlaht; 's ist also be glych Punkt,
Wo mer dä Morge sind gstigen ufs Ys; doch alli die Geged
Chönned mer chuum na erchenne, so ganz, ganz anderst häb Alles
Jez bryg'seh i der volle Bilüüchtig der Vormittagssunne.
Schrünb, wo dä Morge händ schwarz uusg'seh, iez ultramarinblau
Funkled dem Aug sie etgege, sie händ ein weger fast watz g'macht;
Lueget men aber bry abe, so hät me dänn allerdings balb gnueg.
S' ist eim wahrli, me liggi scho bunnen e paar hundert Schueh tüüf,

D' Bei ab enaud unb b' Ärm, aber mit vollklarem Bimnßtſy,
Daß men ietz langſam müeß, recht langſam bmnne verſchmachte.
Ja, ſo weckt is de Hauptmen, es laht ſi da ſicher nüb ſpaſſe.
Lueged, wie ſorglos alli die Sunntigstouriſte beet vorne
Trampeb bevu; g'wüß denkt ā nüb Eine, baß öppen e Schneebrugg
über'me Schrund chönnt lah; allerdings die Schründ, die ſind nüb breit
Da ſo am Bort, und b' Brugge ſind feſt, doch beſſer iſt beſſer.
Nemmeb ihr **brüber** en Schritt ſtatt bruuf, 's chönnt doch enial fehle,
Und wemme bloß bänn en Fueß abſchnellti, es wär au a b e m z' vill.
   Balb ſo bibarf me die Vorſicht nümme; denn wieder ufs Feſtland
Stygt me, ſofern men e lebigs G'röll chann e bäweg bizeichne.
Grab bruuf hämmer is wider bifunden uf ebe bem Grasband,
Wo mer bā Morge de Raſt händ g'macht und g'halte be Chriegsrath.
Jetzt iſt ā das ganz anderſt, am Morge da hämmer halt nüüt g'ſeh
Als ebe Waſe und ietz überall ſtönd Bluemen a Bluemé.
Balb hani au Bergaſter am Huet, aber was es ba uñ b hät,
Das ſind Edelwyß gſy; die ſuecht me bänn ſpäter aparti.
Wo mer zum Brünneli chömmeb, bem bſchribenen, unber der Felswand,
Hämmer natürli en Kneiphalt g'macht und zwar en verdiente.
D' Stimmig iſt guet, das laht ſi bigryſen, iſt herrli bur's Band weg.
Au be ſäb Chund, bem euſere Stützi hät müeſe go ſpette,
Schynt wiber ordeli z' weg; mein', b' Schnörren iſt ſcho wieder ag'lah.
„Stützi ſe wie", hämmer gſait, und rucheb es bitzli uf b' Syte,
„Händ da ſo Öppis gſeh — ja, ja, bä hät chönne ſäge,
Anderſt als es im Liebli beet ſtaht, ung'fähr eſo bäweg:
Abraham, du bruchſt nüb umeſunſt, bruck du mi nu wyter!"
   Euſere Stützi, bā hät z' erſt nu ſo es bitzeli glüürlet,
Hät ſi bänn langſam kehrt, ſpioniert, ob Diſi nüb acht genb,
Dänn wo-n-er gſeh hät, baß bä Moment ſie grab be durab ſind,
— D' Meinig iſt die, ſie welleb vor eus ietz b' Hütten in B'ſchlag neh —
Lachet er z'erſten en Scholle, bänn ſait er: „Ihr Herren, ercüſi,
Zürneb mer's nüb, Eu hani ſcho gſeh, baß er ſelber chönnd lauſe,
Ihr ſind gſund gſy; brum hani b'benkt, du luegſt jebem Chranke.
Wüſſeb, en Füehrer hät's Genſerchrüüz halt alliwyl by ſi,

Wie uſem Schlachtfield gahts uſem Berg; d e t hilft me, wo's Noth thuet."
„Bravo Stüßi, er händ ganz Recht", ist euſeri Antwort.
„Was ihr da ſäged, alpiniſch g'ſproche, iſt klar ja wie Chüebreck.
Aber, Stüßi, was hänb er ä b'benkt ba vn jedem Herr Glünggi?"
„O herjeh!" ſait ba bä Mah, „allbott gits derigi Lychli!
Meineb er öppe, das ſei für euſerein öppis apartis?
Luegeb, es göhnd ſo vil Lüüt uf b' Berg, ſyt's aſen iſt Mode,
Daß per se allerlei paſſirt ung'fähr wie bä Morge.
Schön weiß trüüli iſch Füehrer z' ſy; aber öppe ſe möcht' me
Glych denn ſo'me Turiſt Eis flicke bimeid über b' Ohre,
Wo wegen eigener Schwächi, villicht au wege der Stärchi
Vu jedem Andre ſich aje blamiert wie hütt ba mys Spettort."

„Hend Recht," ſäged mer bruuf, „'s git gwüß Vill z' gjeh und z' ſerlebe
J ſo'me Füehrerbruej; ſeh thüend e chli Oppis erzälle!"
„Wüſſed Sie was," antwortet bä Mah, „'s hät ba emal Eine,
Villicht Sie kenneb's, es Lied über eus Bergfüehrer la drucke,
Wäger e truurig elend ſchön's; cha's balb eſang uſſe,
Trägt's aber immer im Tſchoope, Sie giehnd, au hütt hauis by mer."
„Bravo Stüßi! je läſeb's is vor!" tönt's vun is im Trio.
„He na ſe gern, warum nüb!" ſo chybt vom Stüßi die Antwort.
„Ober wie wär's, ihr Herre, wenn's eine vun Jhne wur leſe?
Nennb's nüb für unguet, giehnd er, i wurd halt gern emal loſe."
„Guet, je gänd her!" hani gſait, „will luegen ob's mir villicht g'rathi."
Strahleb vor Glück gitt er mer bas Blatt, dänn mir gegenüber
Setzt er bibächtig ſich uſenen Stei, und mit g'faltete Hände
Wartet er ſtill bem G'nuß; voll lueget be Bravi is G'ſicht mir,
Daß er der Inhalt chönn vum Gibicht, de lebenbigi Versklang,
S' Mienes, Giberbeſpiel, churz halt All's mit enanb inechlecke.
S' folget de Schießer als yirige Schüeler bem Meiſter ſyn Byſpiel.
Und nu erheb' ich my Stimm und lieſe ſo ſchön is ha chönne:

Intermezzo VI.

Das Füehrer-Lied.

S' hät allimal myś Müetti gsait:
    Was, wider es Loch in Hose?
Los Bueb, us dir wird ewig nüüt,
    Wenn d' nüb uf mich witt lose!
Was bruuchst au alliwyl z' chräsme beet
    Uf Flüeh und stotzig Felse?
Meinst öppe, de Götti well allbott
    Dir e neu's Gwändli helfe?

S' guet Müetti! ach, 's lyt leider Gott
    Scho lang, lang underem Bode;
Und ich, wie-n-is als Bueb ha g'macht,
    Als Mah thuen ich mi robe.
Als thätigs Mitglied ghör' ich ietz
    Zum ene schönen Orde,
I säge's fröhli, ja, i bin
    En brave Füehrer worde.

En brave Füehrer, wohlvermerkt,
    Denn ander git's ganz Hüüfe,
Wo, wenn de Chare schlingge will,
    G'schwind müsseb use z' schlüüfe.
E derig Füehrer hät's im Thal,
    Im Friede wien im Chrieg,
Wenn nu es Dunnerwetter all
    Das Lumpepack verschlleg!

Afüehrer sind's, und wyter nüüt,
    Wenn s' gsehnd, es gaht nüb durre,
Lönd s' disi stecke, gend 'ne 'n Stirz:
    „Da händ er na für's Murre!"

Mir sind dänn fryli en and'ri Art;
  Zum Unheil oder Heil
Füehrer und Herre bindeb sich
  Fest z'sämmen an es Seil.

Da reist me treuli mit enand
  Etgege halt sym G'schick;
Gwönli so grath's ja au Gottlob,
  Es blybt is treu das Glück.
Doch öppen emal, me weiß ja scho,
  Wird eus de Berg es Grab;
Gott's Wille g'schech! i weiß, me sorgt
  Für's Bethi und de Chnab.

Ja eus're B'ruef, seb ist dänn wahr,
  Ist halt e chly en eig'ne,
S' ist je nachdem me's ase trifft,
  Wer welti das cho läugne!
Natürli, wemme Herre hät,
  Wo sind im Berg erfahre,
Dänn isch es guet für euserein;
  Und ist für Niemert z'gfahre.

Ist Eine neu, macht's au nüd vill,
  Sobald er's auerchennt;
Dänn sait me'm b' Sach, hochbüütsch per se,
  Damit er's ä verstönd.
Zum Byspiel so: Herr, heben Sie
  Jetzt ein klein mehr baburren,
Es könnten eben etwas Stein
  Da oben aben surren.

Oder, wenn's dänn uf b' Gletscher gaht,
  Me sich a 's Seil mues binde,
So sait me 'm All's, wie me's dänn macht,
  Sobald me chunnt zun Schründe.
Ung'fähr: Jetz, Herr, jetz müsen Sie

Das Seil dann wohl anzeihen,
Es gibt hierummen ziemlich Schründ,
Wo man könnt einen g'heien.

Das macht si All's; aber bänn isch bös,
Dänn ist G'fahr, daß 's ein schlinggi,
Wenn Eine chunnt als Gletscherma,
Und ist doch nu en Glünggi.
S' gaht öppen Ein' uf's Matterhorn,
Wo chuum chönnt uf de Ruche;
Das ist bänn uf guet Glarnertüütsch
By innnem Eid zum Fluechc.

He nu, ietz hani 's i verzellt,
Wie mir's so öppe hänb;
S' ist wie überahl, es bitzli Glück
Mit eine bitz Elend.
I chlage nüd, im Gegetheil,
I säge's frei und stolz:
S' freut mi, daß ich en Füehrer bi
Bum ächte, zäche Holz!

Cantus XIII.

Bravo! ertönt's vu be Fründe; doch stumm sowohl Stützi als
[Schießer
Drucked mer b' Hand; ihri Rüehrig zeigeb die glänzeben Auge.
Druuf gaht b' Reis wider furt; 's Steithäli balb ist erreicht gsy.
Au ba zeigt Allerlei sich em Blick, was am Morgen am Vieri
D' Dünkli hät zubeckt gha; seltsami Verwitterigsforme,
Grüni Aretiepolster, bisät mit rosige Sternli;
Jetzeb erwacht uf's Neui be Wunsch, e chly Ebelwyß z' fueche.
Denn ohni bas hei z' cho, ist eifach gar nüb gibenkbar.
Also be Hauptmen und ich, — be Herr Giacomo, bä will birekte

Aben i b' Hütte, sy Schueh, die händ en e bitzli im Stich glah, —
Füehred uf eigeni Funst en Streifzug uus i de Felse.
Ruehig vertrau ich mich a der Füehrig vum kundige Hauptme.
Z' erst besilired mer dänn scharf nidsi so durenes Chämi,
Dänn gaht's neimen es Wändli durab, eso zimli e luuters,
Unnedra hämmer das G'suecht; es glänzeb die silberne Sterne
Zwar nu i b'scheidener Zahl usem Grüen is früshli etgege.
Hurtig mer steckeb's an Huet mit sammt aromatischer Gsellschaft,
Männertreu ist's; dänn strütteb mer abe zur gastliche Hütte.
  Treet de Fründ Giacomo gieh'mer, dä sitzt ganz einsam vorusse.
Händ ä grad yg'seh worum, denn en Gräbel ist gsy i ber Hütte,
Und de Professer dinne hät's wider so streng mit dem Schnörre,
Daß 's allerdings Ein nüd starch glust, iez dinne Quartier z'neh.
Drum wenn ä b' Sunnen esang e chli warm git vun obenabe,
Macheb mer's churz und sitzeb i b' Stei, überlönd edelmüethig
D' Hütte vum S. A. C. ihrer jetzige, fröhliche Gastig.
Aber, halt, was ist das? ganz still wird's plötzli da inne,
Dänn so hät Einen e Red, 's ist Er, dä b'rüehmti Professer!
Offebar list er es Epos vor höchsteigener Arbeit,
D' G'schicht vu sym Glärnischzug, die:n:is Clubbuech grad er hät ytrait.
Denke, die glühebi B'redtsamkeit, die em strömt vu de Lippe,
Werd em i mächtiger Fluth au g'flosse sy us syner Feb're;
Denn es bilohnt en e chräftigi Salve vu Chlatschen und Bravo,
Wo syni schwungvolli Red mit 'me letschte Zwick er hät g'schlosse.
  Mir händ's leider nüd g'wagt, i will ehr'li die Schwächi bikenne,
In enen schriftliche Wettkampf z' trete mit eusrem Vormah,
Und das, truurig, doch wahr, trotzdem si de wackeri Stützi
Alli erdenkliche Mücha nu hät g'geh, die schimpflichi Blödi,
Die:n:is so schrybschüch macht, umz'wandlen i chräftige Bergmueth.
So isch es g'gange, drum säged is also de Gottsname Gääggi.
Mir müend's anis la cho, da isch halt ietz nümme z'helfe.
  Währed die G'sellschaft da inne sich also a geistiger Nahrig
G'sättiget hät, händ mir G'nußmensche vu minderer Gattig
Ohni is z' schämen en Znüüni vertilgt und redli is ag'strengt,

Menschlich schön wie immer dem wackeren Abraham Schießer
Jetz by der stygede Hitz sy g'wichtigi Burdi z' erlichl're.
S' g'scheht dur e b'schüssigi Transfusion i die eigene Lychnam
Us dem ä jetz na g'segnete Lyb der g'waltige Chrusle.
S' folgt ä de Schießer nu euserem Byspiel; fryli dä guet Mah
Häb nüd bidenkt, 's Gwicht blyb' sich ja glych für ihn, ob usem Buggel
Oder im Ranzen er's träg; im Gegetheil, 's thüeg bim Durabgah
Erst na meh gütsche vorburren; o Abraham, 's hät bi, es hät bi!
    Wider mer ryßeb is los zume wytere Stuck un der Arbet.
S' schlimmst Stuck isch es fürwahr; denn 's gilt, die ewigi Blangge,
Bu der Clubhütte durab ietz z' hauberen i der Mittagssunn.
Bloß de Herr Hauptme versetzt au das i heroischi Stimmig.
Grad wo die Bläuggen au stotzigsten ist, de Wasen am hehlste,
Zunene Wettkampf forderet usen er alli die Manne:
Wer well's uufnäh mit ihm, de durab da z'schlitten au Stecke?
Antwort: Keine! ellei mag er nüd und also ä dasmal
Will's es halt nu mit dem Schlitte nüd geh; 's ist würkli zum Fluche!
Doben am Gletscher ke Bahn, und da, wo's e prächtigi hätti,
Findt er e keine, mit dem er selband chönnt b' Bei go verchnelle.
Ja, da epört si mit Recht sys thatebidürstigi Clubherz!
Drum vu der Gsellscheft er ryßt ingrimmig sich los und i b' Felse
Stürzt er sich mit Behemenz, syn Hochclubmueth e chli z' chüele.
    Mir underdeß ganz zahm ziehnb nibsi is immer im Zickzack.
Mühsam währli durnuf, mühsam be durab ist die Blangge.
Wenn sie de Blasbalg straft be durnuf, straft nibsi si b' Chuttle.
Und vu be Chnüüne nüb z' rede; benn wemmer au redli bifolgeb
D' Vorschrift, die da verchünbt: Alls fest am Stecken, ihr Manne!
Hät's bi dem Pletschen und Pletschen und alliwyl Pletschen und
                            [Pletsche
Immer durab dachgäch die Chnüü doch z'letscht e chly z' weg g'nah.
Aber mer genb nüb lugg, erst recht nüb, wo be Herr Hauptme
Bu syner Sytenabwychig so suuber wie useme Trülli
Jmene prächtigen Edelwyßschmuck wider zeniß ist g'stoße.
Zwunge mueß 's sy, mer macht kein Halt bis am Fueß vu der Blangge.

Und eso hämmers ä g'halte bis bunne, wo's heißt i der Chäsre.
Deet hämmer fryli bänn gspakt, 's best Plätzli, aber ä 's g a n z best,
Zunere würdige Chrähahnesyr mit List usez'bicke.
„Heureka! 's hät bi am Fechten," uf eimal ruefed mer all drei.
Grab so es Plätzli, vu dem nie cha säge, ja, g'lungener nützt nüüt,
Händ mer uf eismal etdeckt und ohni langs B'sinnen in Bsitz g'nah.
S' bildet e spanischi Wand gege b' Sunnen en riesige Felsblock;
Und bevor zue elegant möblirt präsentirt sich en Salon,
Style alpestre, solid und rych i de Formen und Masse.
S' hät Tabourets, chaises longues, causeuses, und Tischli und fauteuils
S' fehlt gar nüüt meh als rocking chairs, doch wemme recht lueget,
Findet me under be rocky chairs villicht au na en rocking.
Teppich, Tapeten und Möbel alls prangt im herrlichste Saftgrüen.
D' Stoff sind Sammet und Plüsch, Atlas, und Taffet und Armures,
Nächer bizeichnet se hießed f' villicht Mies, Farren und Säuchrunt.
   Also mer lag'reb is da zum en ächt sybaritische Schlußact.
Stüßi und Schießer, 's ist trurig fürwahr, die brave Ginosse.
Cuserer Thate, sie werdeb mit schmeichlebe Worten ietz abkennt:
„Gönd ihr efange durab; per se, er werdeb ja plange
D' Burdi abz'legge; bi Alaß vu dem, seh, Abraham Schießer,
Genb ä die roseroth Fläsche, mer trägeb sie selber durab dänn."
— Ach, wie isch is nu gsy eso recht, recht alpeclubsäuwohl!
Wemme buruuf luegt, grüeßt höch oben am Himmel de Gletscher,
Ach wie so hoch, und doch, 's ist bloß ja die underste Zunge,
Die me da g'seht, und höch obe bra weiß trüüli sind hütt mir,
Ja, dä Morge mir gsy! was si' m i r für prächtigi Kerli!
Chömmeb ihr all mit enand, ihr Nebelchäppler und Füürberg,
Pfannstock, Fuulen und Bächi und Ruchen und Vrenelisgärtli,
Chömmeb und macheb mit eus nu uf ebigi Zyten en Schmollis!
Macheb's mit eus im g'segnete Tröpfli der göttliche Wittfrau,
Curer Verwandte, dänn grab so wie ihr 's Ys hät si am liebste!
Ach du Gletscherzunge beet obe, du wyßi und blaui,
Häst du aparti dich hütt so grüst, wil b' weist, es hät Z ü r c h e r,
Zürcher ba unnen und mit dene Farbe ba mues me si zölle?

Wäger wenn b' das häjt welle, so häjt ä de Zweck useg'schosse!
Lueg, i bi conservativ; wenn's neime recht guet mer hät g'falle,
Seig's nu en Berg, oder seigi's e Stadt oder seig's drin es Bierhuus,
Gahni halt wider und heim'le mi a und wirden en Stammgast.
Stammgast will i au werde Gottswille by dir, du myn Glärnisch!
Clubgibiet, mit sym Wechsel, für b' Wüsseschaft weiß ja es m u e s sy,
Wenn ä be Forsch're sich gsellt g'wüß mängi nüütnutzigi Gernas;
Aber wo ist er wahrer bä Satz, non multa sed multum,
Als i de Berge? ihr Utoclubisten, ietz säged mer ehrli,
Ihr die ihr vill, recht vill usechräsmed be herrlichi Uto,
Nüd mit der Bummelbahn, per pedes mein' i natürli,
Würdeb er tuusche, je wie, wenn er chöunted astatt bisen Uto
Immer z' bistygen, allbott changiere mit euerem Bergziel?
Weiß nüd, aber i glaube fast nei, bem ächte Naturfründ
Wird so en Standpunkt lieb, wo=n=er recht, recht gmüetli biheim ist.

   Z'ruck ietz aber zu euserer Fyr; da liggeb mer gmüetli,
Schlürfeb das Tröpfli, das letscht und best; denn b' Arbet ist fertig.
Bloß na en Bummel isch ietzt ja vu da eweg hei is Voraue.
Wie isch is gsy eso vögeliwohl, wie mundet das Wynli!
S' fehlti ietz bloß, daß Türgge mer wärib und 's Gnützli verbote!
Aber in anderer Wys wird gsorgt au für das Pikanti.
Nämli vor eus besilirt vu der andere Gselschejt es Trüppli,
Und au Er ist deby, be gepriseni Helb vu der Bergfahrt.
Leider isch wahr, gfreut hämmer is fast nu bä Herr e chly z' zensle.
Denn mer händ e ja gseh, bä Blick, so verständli und innig,
Den er der Guttere da zuewirft im silberne Chrage.
Im euen andere Fall, da wär's ä natürli nüd vorcho,
Daß me wie da beibsyts sich weuschti Glück uf be Heiweg,
Durstig und troche bie Einte, bie Andre mit perleubem Schuumtrank.
Aber i bem Fall isch eso gsy, mir sitzeb und trinkeb,
Disi marschiereb vorby, Kopf links bloß mit Defilirblick.
Grüeßt hämmer woll, sust wyter, wie gsait, da hämmer is nüd g'rob't.
Wer nu von eu, myni Herre, da meint, er hätti die Schwächi
Sich nüd z' schulbe lah cho, bä werfi uf eus ber erst Zapfe!

Eigetli chönnti ba höre, doch um vollständig z' erschyne,
Sägi na churz: iue gmüethliche Tramp dur's Roßmatterthal uus
Simmer marschirt; übervorne, wo dänn ba be Stutz mer burab sind
Mit sebem g'stachlige Grie, git's na e chli z' schimpfen und z' grochse,
Tänn sind b' Schmerzen am End; dur Matten und schattigi Wälbli
Ziehmer burhei mit elastischem Schritt, vorüb'ren as Chlause,
— Gsehnd ene lieber dänu morn — und stolz zogen is Kurhuus.

S' heißt nu die erst Pflicht, euserem starch uuspumpete Corpus
Wiber sys Psemmet a Fuechti nach Recht und Billigkeit z'ruck z' geh.
Also Herr Wirth, geub her öppis Chüels und öppis recht Nasses!
Z'ersten es Bad: hei! gaht's ane Schwabreten und an es G'flotsch ba!
Dänn chunnt b' Reihen an innere Mensch mit rychlichem Bierstoff.
Aber er glaubed mer's gern, lang mues me mi: B'schütten und B'schütte
Ernst ha bis 's e chly bschüüßt, bis all die Canäli und Eggli,
Alli die Wändli vum innere G'mach nu e chly ä sind ag'netzt,
Und ba bä Glättisestei im Hals esang halbe verchnelet.
Erst dänn i dritter Justanz wird 's fest Element i Gibruuch g'nah,
Zimli solib wird g'werchet und zwar i der luft'ge Beraubah.
Chüelig verschafft b' fontaine, die mächtig vor is i b' Luft springt.
Abschied nehmed mer iets, fründschaftliche, herzlichen Abschied
Vu ba dem wackeren Abrahampaar; dem Abraham Stützi
Schrybed vorher mer is Fuehrerbuech 's höchst rüchmlichi Züügniß,
Das mer em geud; vor dene, wo ständ in Dienstbotebüechli,
Eusers hät bas ba vornuus, daß Alles vun A bis Z wahr ist.

Fröhli mit eusere Fründe da wird ietz bummlet und keglet,
Z' Nacht mit de Gästen im Huus dänn höchst vehement i Musik g'macht,
G'sunge wie b' Vögel im Hanf, im Chor, a solo, wie's cho ist.
Aber nüd gnueg na a dem, 's mues schließlich Eine von eus na
Jneren andere Chunst uf's Seil; die bitreffendi Muse
Ist em so lieb, daß ä Glärnischbei ihrem Ruef na gihorched.
Überdies gahts ba um b' Ehr der Muskle vun euserem Chleeblatt,
Zeigt unes sy, daß e Glärnischtour ens lang na nüd umbringt.
Also um's endli z' verrathe, na tanzet hät be Bitreffed
Und zwar ordeli scharf; denn 's git ba e Reihe vu Dame,

Die umeglupst sy wänd verbientisterwys alli z'sämmc.
Nachdem erfüllt die ritterlich Pflicht, so sitzt mit de Fründe
S' Glärnischkleeblatt gmüetli na z'sämme, um vor em is Bett gah
A bere Löschig vum Glärnischburst es bitzli na z' werche.
Fertig natürli das werdeb mer nüb, doch häts is nüb schwer druckt.
Morn isch ja au na en Tag, ba wemmer bi Zyte dänn asäh,
Denn cha's es geh, baß bis be burhei mer's grab eso baschgeb.

Cantus XIV.

Herrli erquickt bur en prächtige Schlaf — im bopplete Gschirr gaht's
Wege der schlaflose Clubhüttenacht und wege der Müebi —
Simmer am andere Morge by Zyte dänn scho uf de Beine.
Händ nu en Tag na erlebt beet vum sebe schönste und beste,
Die=u=is Juwelechästli men ybschlüüßt i der Erinn'rig.
Nämli vu Fründen e zimlichi Truppe vu Züri und Glarus
Chömmeb is Chlönthal hütt; mir sind' nen am Samstig vorusg'reist,
Um via Ruche nu hütt yz'treffe im Lager am Chlönsee.
Deet ist nämli e Stell, gegenüber dem Geßnersche Denkmal,
Die zume Pic-nic=Platz bie kundige Glarnerginosse
Unsg'wählt händ, und bere mer ietzt, eso gege de Nüüne
Ganz con amore, mit österem Halt a de schönere Punkte,
Gmüethli etgegespazierb. Es ist so en Morge vu bene,
Wie nu en schöne September sie bringt, so weich und so duftig.
Mit tüüf innigem, warmem Blick so strahlt bir etgege
S' Aug der Natur, syn Glanz zwar milb'ret en schimmernde Schleier
Wie so vu heimliche Thräne, sie gelteb dem baldige Abschieb;
Aber nu schöner erschynt, und tünser ergryst so en Blick bich.
Chlönthalersee, hä du wottst verbess're byn Fehler vum Samstig?
Gäll, sie händ ber hütt telegraphirt, obenabe vum Ruche,
Wenn sie dänn chömmeb, die Drei, so sollst dänn artig sy mit 'ne,
Zeige was chönnist und nametli möcht me bi höfli dänn bätte,
Daß bu byn Spiegel recht suuber abstaubist; es möchti be Ruche

Hütt syne neuiste Fründen und Duzcameraden ä zeige,
Was er alls chönni für Chünst, wie trotz em Coloß, der er seigi,
Er eso ganz bockstill die längst Zyt chönn usem Chopf stah.
Richtig so isch es ä gsy; es g'rath em uf's Tüpfli das Chunststuck.
Und nu luegt er is a, obenabe sowie unenuse,
So nrgmüethli und lieb, daß grab mene möchti verchüsse.
Wart nu Ruche, beet vornen — i gspüre 's git würdige Stoff beer —
Wämmer dänn eusere Bund namal so recht gründli verschwelle.
„Halt, wer sind ä die Zwee", so rüefeb mer, „beet a dem Egge?
Was hautiereb s' ä z'sämmen am See, 's gieht schier wie=n=es Schiff uus,
Und doch wieder ä nüb — vorwärts, ihr Mannen, allegro!"
Bald i die luutisti Freud' verwandlet sich eusere Gwunder.
Breit und lang stönd Zwee vor is zue, zwei strahlebi Gsichter
Grüeßeb is, die lybhaftigi Fründschaft, 's streckeb sich Ärm uus,
Wort trohleb use wie Wasserfäll: Ja 's sind sie, es sind sie!
D' Vorhuet isch es der Fründescolonnen, und wie mer etdecteb,
Wo na der bändigte Freud vum ersten Erblicke das Aug dänn
Au na mag Anders erfassen as bloß un die fründliche Gsichter,
Sind sie zuglych Verpflegigscolonne; mer händ dänn erlickt na
Grab ä mit raschistem Blick: sie sind überebig guet greiset.
Das scho erweckt is etschibe Vertroue, dem Paar da sys Costüm.
In Hempärmle so stönd Beed ba, Beed händ umebunde
Schneewyß Schürz um b' Rathsherrebüüchli; die würdige Häupter
Façon Tödi sich zeigeb bibeckt mit schneeige Chappe.
Und nu das Schiff, jäso! es Bierfaß isch, mynī Herre!
Fest na verspundet schwümmt 's im See ame zöllige Hälsig.
Au na e Chiste sich zeigt — sie ist grab abem Wägeli g'lade,
Wo=n=uf der Syte beet staht, 's heb allerlei Munition drin.
A propos Munition, uf einal vu der Seerüti
Dunneret Artilleriefüür her mit gwaltigem Echo:
Bravo, das sind s'! — und, richtig erchennt, die ganzi Colonne,
Z' Fueß fast Alli — en Omnibus bringt die ältere Herre —
Ruckt by=n=is y, theilwys i scho wyt vorg'schrittene Stabie
Vu der Verschwitzig, un das macht nüüt, dem cha me scho helfe.

Wär au en Pautier ietz ober Grob da by bere Gsellschaft!
Das gäb' es Bild, Landschaft, Staffagen, Eis schöner as 's ander.
D' Gegeb es Plätzli am See; en Abhang; mächtigi Tanne
Bildeb es Dach, doch lönd sie be Blick ganz offe nach vorne.
Da lyt weich hib'bettet be See, ben es Lüftli ietz chrüüslet;
Dänne ba thürmt siberippig epor sich die mächtigi Felsmuur,
Yg'hüllt ietzig i duft'ge Neslere, vun euserem Glärnisch.
Ruchen, es ruckt; gäll plangist esang? bald chummi ber Öppis!
Ghörst, scho chlopst men am Spunten und bald so strömt ja be Sege.
D' Gsellschaft, malerisch isch sie gruppiert ba unber be Tanne.
Lüüt hät's Langi und Churzi, hät Spägi und Ranzebistlissni,
Brnuni und Blondi, und Schwarzi und Graui, hät Ruuchi und Gschleckti,
Rothi und Bleichi, und Luuti und Stilli, Cumobi und Gispel.
Ein Zug händ aber Alli gimeinsam, nämli be Schluckzug.
Doch au bä variirt zwüsched Brunnbier, Wyßem und Rothem.
Neui Biwegig, die Chisten erschynt und allerlei Fleischzüüg
Drängt sich a's Liecht; 's sind Hamnen und Würst, gottlob keni Mnugge.
Rüstigi Manne biwehreb sich flink nu mit blitzebe Chlinge;
Balb nu ist Alles im Gang; es wandereb glustigi Blatte,
Weggelichörb flink hin und her; mit Fläsche verseht si en Jebre,
Und a bem Bierfaß strömt ohn' Unterlaß rychliche Ablaß.
Zunge sie löseb sich, Redner sie robeb sich, Lieber sie stygeb.
Instrumentalmusik au bie bsorgt is en klassische Pfyfer.
Richtigi Amslenatur, balb z' oberst usere Tanne.
Z' üsserst useme Felse bruf abe so laht er sich nieber,
Und bänn im Wechsel ertönt Chuehreihe, Tellouvertüre,
Und na vill Anbers; Bravo bilohnt jebesmal syni Leistig.

Aber in all bem Gräbel ich suche halt immer myn Ruche,
Bring em au uns generös Spezielli ba ein nach em anb're.
Ruche, myn Ruche, die Frünbschaft gilt, nüb hämmer verschlase
Eusere Schmollis, wie's ach, so hundertmal sust ja bigegnet.
S' gilt und blybt nu so lang mer lebeb, ba oben und z' Züri,
Abie ietz, mir müend surt; uf Wiederluege, du Liebe!

Furt zieht b' G'sellschaft; hindere gaht's z' Vorauen is Kurhuus,
Deet hämmer b'stellt 's Bankett; vorher aber zieht men is Chlause.
Enbli so hät's es richtig na g'geh; mit ruehigem G'wüsse
S' Glärnischchleeblatt g'nüßt nu vergnüegt im Kreis vu be Fründe
Alle be Zauber vun eim vu be schönsten und gmüethlichste Plätzli,
Wo ã be Herrgott je uf der Welt syn Arm use g'streckt hät.
D'Gurgle sie letzt sich, 's Aug wird erfreut, 's Ohr gahb au nüb leer uus.
Denn usem Chlaus syner Klausen erschynt eso neimen es Bethi,
Das mit der Cithere bald macht alli die Herzen erzitt're.
Eibginössische Citherbund, mit C und mit Th,
Acht' uf myn Wink und gang ã bis Chlausen — es bschüüßt — goge
                                                                               [weible.

———

S' ruckt nu em Schluß. Woll chönnt i erzelle na vu dem
                                                                   [Bankett ba,
Dänn vunue Turnlauf fest be durab 's Chohlgrüebli nach Glaris,
Wo mer be Zug ba be letscht, prezis, prezis na verwütscht händ,
Und vu der morpheusg'segnete Fahrt zun eus're Penate;
Aber i machen en Sprung, vill z' lang wurd sust die Erzälig,
Wenn sie's nüb ietz scho ist, über das da ziemt mer kes Urtheil.
    Springe zum Schluß, dä ist churz und guet: Ihr All, die ihr's
                                                                   [chönneb,
Und 's is nüb öppe scho vorg'macht händ, gönd macheb's is nahe!
Wyter je mag i nüüt sägen a bem Ort; under em Strich dänn
Staht na es G'sätzli us anderem Ton; wer's will, dä cha's lese.

Epilog.

Ich grüß' euch wehmuthvoll, ihr stolzen Firnen,
   Die Thalfahrt hab' ich wieder mir erkoren,
   Ihr dürft im Aether baden eure Stirnen.

Ich stand auf euerm Scheitel weltverloren,
   Unnennbar glücklich, und im Herzen stille
   Da ward mir eine neue Welt geboren.

Denn mir ward klar der Schöpfung heil'ger Wille:
   Die Liebe sollet ihr im Herzen tragen,
   Der ew'gen Liebe wonnereiche Fülle.

Sie wird euch Hort in gut' und bösen Tagen;
   All' eure Freuden wird sie euch verschönen,
   Und eure Schmerzen hören auf zu nagen.

Ihr traget heiter, was euch Erdensöhnen
   Als Maaß der Prüfung weise ward beschieden;
   Gott ist die Liebe! wird euch stets umtönen.

O daß des Herzens reiner, stiller Frieden
   Einzöge überall mit seinem Segen;
   Wie anders würde Vieles doch hienieden.

Die Mordeswaffen würden niederlegen
   Die Völker, Millionen fleiß'ge Hände
   Sie würden sich in Friedenswerken regen.

Des Bösen Uebermacht, sie wär' zu Ende;
　Wer wollte streu'n hinfort das gift'ge Korn,
　Wofern kein Erdreich mehr er fruchtbar fände?

Das aber ruf' ich heut' im heil'gen Zorn:
　Ihr sogenannten Guten habt gestiftet
　Unendlich Unheil; daß der reine Born

Der Seele eures Volkes ward vergiftet
　Durch Wen'ger Unthat, daß des Volkes Einheit
　Unselig ward zerrissen und zerklüftet,

Ihr habt's verschuldet! wär' des Herzens Reinheit
　Und wär' die Liebe nicht in euch verschlammt,
　Nicht wucherte so üppig die Gemeinheit.

Ihr habt Verleumbung eingesetzt in's Amt;
　Denn wie Orakel glaubt ihr und verbreitet,
　Was ihrem frechen Lügnermund entstammt.

Der Gifttrank, den euch teuflisch zubereitet
　Vom Stamme Guttenbergs verworf'ne Sippe,
　Ist euch so werth, daß ihr euch darum streitet,

Wer da zuerst ihn schlürf' mit gier'ger Lippe!
　O habet Acht, daß nicht zuletzt zerschelle
　Des Staates Schiff an solcher Todesklippe!

Bedenkt, die Weltgeschichte schreitet schnelle!
　Bedenket es, eh' es zu spät geworden,
　Und sucht den Weg zurück zur reinen Quelle.

Helft nicht mehr mit, die Ehre zu ermorden
　Des Nächsten, seiet Menschen, seiet Brüder,
　Und trennet euch von den verthierten Horden.

Es weist den Weg zur reinen Wahrheit wieder
　Euch die Natur; o lernet sie versteh'n,
　Und lauscht ihr ab die alten schönen Lieder.

Steigt oft empor zu lichten Bergeshöh'n;
   Laßt eure Blicke ihre Wunder trinken,
   Den reinen Hauch die Schläfe euch umweh'n.

Da fühlt ihr es wie Fesseln von euch sinken;
   Frei von dem Druck, der euch die Brust beschwert,
   Seht eure Zukunft ihr herüberwinken.

Und was die Weihestunde euch gewährt,
   Es wird verklären euer ganzes Leben,
   Wenn ihr's bewahret heil und unversehrt.

Ein reines Herz ward euch zurückgegeben;
   Wohlan! ein reiner, hoher Mannesmuth
   Kennzeichne forthin euer ganzes Streben!

Und nimmer jene feile Lügenbrut
   Laßt euch mit Höllentrug den Sinn umnachten;
   Thut immer ihr, was edel ist und gut,

Und lernet Jene nach Verdienst verachten.